感謝の気持ちをきちんと届ける

心が伝わる
お礼の手紙・はがき
マナー&文例集

杉本祐子 著

JN038972

主婦の友社

はじめに●

お礼状は「タイミングよく」「きちんとした手紙を」「自筆で」出すことに意味があります

「タイミングよく」

「ありがとう」の気持ちは、すぐに伝えましょう。お礼状は、贈り物が届いた日、もてなしを受けた日の翌日には出したいものです。

ただし、生鮮食料品などの場合は、当日に電話かメールで報告とお礼をし、目上の相手には、さらに手紙でお礼の気持ちを伝えます。

「きちんとした手紙を」

ていねいに書かれた手紙は、それだけで礼儀正しい印象を与えます。封筒や便箋には、さまざまな「きまり」がありますが、本書では基本からくわしく説明しているので参考にしてください。

「自筆で」

ビジネス上のお礼を除き、本人が手書きするのが基本です。字のうまい・へたは問題ではありません。読みやすく書くことが重要です。文字をまっすぐに並べる、相手の名前を行末にしないなど、レイアウトにも気を配れば、好感度は格段にアップします。巻末の練習ページで、ぜひ体感してみてください。

杉本 祐子

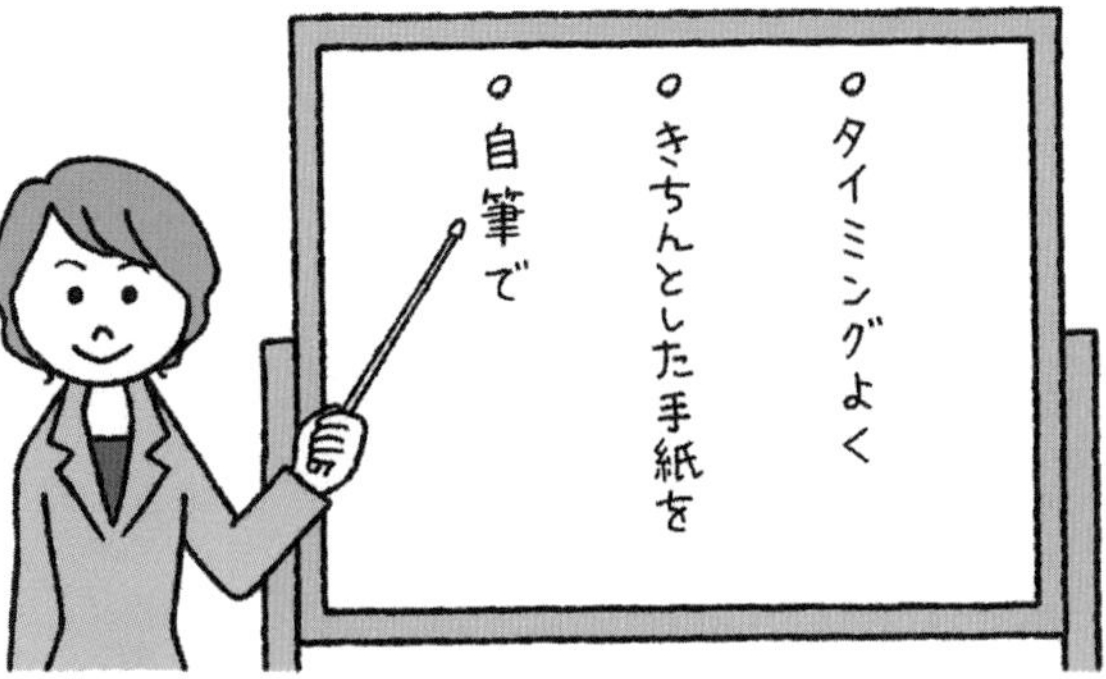

本書の使い方

■文例

文例は、1行30字程度です。便箋に文字を書くときの字数とほぼ同じなので、文字のレイアウトを考える際の参考にしてください。

■ポイント

手紙のテーマ別に、書くときのコツを3点ずつあげています。文例をアレンジする際には、ポイントを読んでから行ってください。

■アイコンの意味

文例をもとにして、より目的に合った文章を作成するためのヒントです。

◆なるほどMEMO　言葉についての説明や背景について説明しています。

♥マナー　お礼のしかたや返礼品を贈るときのマナーについて述べています。

★注意点　まちがいやすい点などをあげています。

♣応用　傍線の文章を、自分のシチュエーションに合わせて書きかえるときの表現を紹介しています。

目次

PART 1 手紙とはがきの「きまり」を覚えましょう……9

メール・LINEが主流の今だから迷う手紙マナー……10
「きちんとした手紙」用の便箋・封筒を常備します……12
ワープロなどで下書きをすることをおすすめします……14
封筒のきまり 1 和封筒にたて書き【基本】……16
封筒のきまり 2 和封筒にたて書き【応用】……18
封筒のきまり 3 洋封筒（洋形2号など）……20
はがきのきまり……22
便箋のきまり 1 たて書き……24
便箋のきまり 2 よこ書き／一筆箋……26
便箋のきまり 3 ビジネス文書形式にするとき……28
便箋の折り方と封筒への入れ方……29
頭語と結語はセットで覚えましょう……30
時候のあいさつ 1月……32
時候のあいさつ 2月……34
時候のあいさつ 3月……36
時候のあいさつ 4月……38
時候のあいさつ 5月……40
時候のあいさつ 6月……42
時候のあいさつ 7月……44
時候のあいさつ 8月……46
時候のあいさつ 9月……48
時候のあいさつ 10月……50
時候のあいさつ 11月……52
時候のあいさつ 12月……54
あいさつのきまり文句をじょうずに使いましょう……56
お礼の金品を贈るときの のしと表書き……58
お礼の品の送り状を兼ねるとき……60

PART 2 お中元・お歳暮・贈り物へのお礼……61

贈り物へのお礼のマナー……62
お中元（お歳暮）へのお礼状の基本ひな型……64

お中元・お歳暮へのお礼……66
文例 お中元へのお礼 本人➡親戚……66
文例 お歳暮へのお礼 本人➡仕事関係者……67
文例 お中元・お歳暮 いただいた品物別のお礼表現……68
文例 妻が代筆するときのお歳暮へのお礼状 妻➡夫の仕事関係者……70
文例 妻が書き、夫婦連名で出すお礼状 妻➡親戚……71
お中元・お歳暮を辞退するときのお礼……72
文例 今回は受けとるが、今後は辞退するときのお礼状 本人➡新入社員……72
文例 いままでは受けとったが、今後は辞退したいとき 本人➡就職の世話をした知人……73
文例 辞退の意を伝え、返礼品を送るとき 妻➡夫の知人……74
文例 品物を受けとらずに返送するとき 本人➡取引先……75
贈り物・プレゼントをいただいたお礼……76
文例 名産品を送っていただいたお礼 本人➡友人……76
文例 おみやげへのお礼 本人➡仕事関係者……77
文例 生鮮食料品をいただいたお礼（到着日に電話ずみ） 本人➡知人……78
文例 手作り品をいただいたお礼 本人➡親戚……79
文例 謝礼品（商品券）をいただいたお礼 本人➡知人……80
文例 転勤・栄転でお餞別をいただいたお礼 本人➡仕事関係者・知人……81
文例 母の日のプレゼントのお礼 本人➡息子夫婦……82
文例 敬老の日のプレゼントへのお礼 祖父母➡孫……83
文例 クリスマスプレゼントのお礼 子どもの母親➡祖父母……84

PART 3 お祝いをいただいたときのお礼……85

お祝いをいただいたときのお礼のマナー……86
お祝い（現金・商品券）へのお礼状の基本ひな型……88
子どもの成長に関するお祝いへのお礼……90
文例 出産祝いへのお礼①（内祝の送り状を兼ねて） 夫婦連名➡お祝いをいただいたかた……90
文例 出産祝いへのお礼②（産休中の職場へ） 本人（母親）➡職場……91
文例 出産祝いへのお礼③（お下がりもいただいたとき） 本人（母親）➡親戚……92
文例 初節句祝いへのお礼 夫婦連名➡知人……93
文例 七五三祝いへのお礼 子どもの母親➡夫の両親……94
文例 入園祝いへのお礼 子どもの母親➡友人……95
文例 入学祝いへのお礼 子どもの母親➡親戚……96
文例 子どもが書く中学校入学祝い（現金）へのお礼 本人（子ども）➡親戚……97
文例 親が書く高校進学祝いへのお礼 父親・母親➡親戚……98
文例 大学進学祝いへのお礼 本人➡親戚……99
文例 成人祝いへのお礼 本人➡小学校の恩師……100

文例 卒業祝いへのお礼（就職が未定のとき） 本人↓習い事の先生 …… 101
文例 就職祝いへのお礼 本人↓親戚 …… 102
文例 初月給でお礼の品を送るとき 本人↓就職祝いをいただいたかた …… 103
人生の節目のお祝いへのお礼 …… 104
文例 誕生日祝いへのお礼 本人↓友人 …… 104
文例 子どもの誕生日祝いのお礼 本人（母親）↓夫の両親 …… 105
文例 長寿祝い（喜寿）へのお礼 本人↓趣味の仲間 …… 106
文例 長寿祝い（傘寿）へのお礼 子（代筆）↓親の知人 …… 107
文例 銀婚式祝いへのお礼 夫婦連名↓知人 …… 108
文例 親の金婚式祝いへのお礼 子ども↓親の知人、親戚 …… 109
文例 受賞祝いへのお礼 本人↓指導者 …… 110
文例 叙勲褒章祝いへのお礼 本人↓祝賀会出席者 …… 111
文例 昇進祝いへのお礼（お返しなし） 本人↓仕事関係者 …… 112
文例 栄転祝いへのお礼（お返しあり） 本人↓元の上司 …… 113
文例 開業祝いへのお礼 本人↓お祝いをいただいたかた …… 114
文例 開店祝いへのお礼 本人↓開店パーティの出席者 …… 115
文例 新築祝いへのお礼 本人↓仕事関係者 …… 116

PART 4 お世話になったときのお礼 …… 117

お世話になったときのお礼のマナー …… 118
お世話になったときのお礼状の基本ひな型 …… 120
就職・求職でお世話になったお礼 …… 122
文例 実習・研修などの終了時のお礼 本人（女性）↓受け入先の担当者・責任者 …… 122
文例 採用面接のあとで送るお礼 本人↓会社の採用担当者 …… 123
文例 内定先へのお礼（新卒） 本人↓採用担当者 …… 124
文例 内定先へのお礼（転職） 本人↓採用担当者 …… 125
文例 就職でお世話になったお礼（採用の場合） 本人↓親の知人 …… 126
文例 就職でお世話になったお礼（不採用の場合） 本人↓先輩 …… 127
ビジネスでお世話になったお礼 …… 128
文例 新規取引先紹介のお礼 本人↓仕事関係者 …… 128
文例 出張先でお世話になったお礼 本人↓取引先 …… 129
文例 セミナー講師へのお礼（依頼受諾後） 本人↓講師 …… 130
文例 セミナー講師へのお礼（終了後） 本人↓講師 …… 131
文例 助言をいただいたお礼 本人↓先輩 …… 132
文例 会合で知り合った人へのお礼 本人↓仕事関係者 …… 133
文例 接待を受けたお礼 本人↓取引先 …… 134
文例 接待を受けていただいたお礼 本人↓取引先 …… 135
転職・退職でお世話になったお礼 …… 136
文例 退職して故郷にUターンするときのお礼 本人↓取引先 …… 136
文例 転職するときのお礼 本人↓知人（はがきに印刷） …… 137

文例 定年退職するときのお礼 本人➡知人（はがきに印刷）……138
文例 定年退職する人へのお礼 本人➡退職者……139
結婚に関してお世話になったお礼……140
文例 結婚退職するときのお礼 本人➡仕事関係者……140
文例 交際相手を紹介してもらったが断るときのお礼 本人➡知人……141
文例 結婚（交際）のあいさつに伺ったあとのお礼（好感触） 本人（女性）➡相手の両親……142
文例 結婚のあいさつに伺ったあとのお礼（不結果） 本人（男性）➡相手の両親……143
文例 披露宴出席のお礼（主賓へ） 夫婦連名➡恩師……144
文例 結婚祝いをいただいたお礼（出席しなかった人へ） 本人（女性）➡夫の親戚……145
文例 結婚祝いをいただいたお礼（披露宴を行わなかったとき） 本人➡知人……146
文例 親が送る、子どもの結婚祝いへのお礼 新婦（新郎）の母親➡親戚……147
もてなしを受けたお礼……148
文例 ごちそうになったお礼 本人➡先輩……148
文例 旅先でもてなしを受けたお礼 本人➡知人・友人……149
文例 自宅に招待されたお礼 夫婦連名➡友人夫妻……150
文例 観劇に招待されたお礼 本人➡甥夫妻……151
家族がお世話になったお礼……152
文例 子どもを預かってもらったお礼 子どもの母親➡近所の知人……152
文例 子どもをキャンプに連れて行ってもらったお礼 子どもの母親➡ママ友……153
文例 子どもが入試に合格したお礼 子どもの母親➡家庭教師……154
文例 習い事をやめるときのお礼 子どもの母親➡習い事の先生……155
文例 親がお世話になっていた介護施設へのお礼 本人（入所者の子）➡施設担当者……156
文例 ペットがお世話になった動物病院へのお礼 本人（飼い主）➡獣医・動物看護師……157
好意を受けたときのお礼……158
文例 身元保証人になってもらったお礼 本人➡親類……158
文例 借りた品物を返すときのお礼 本人➡恩師……159
文例 急病・事故などでお世話になったお礼 本人➡助けてくれた人……160
文例 寄付、カンパなどへのお礼 本人（呼びかけ人）➡賛同者……161
文例 バザーの協力へのお礼 主催者➡協力者……162

PART 5 お見舞いへのお礼……163

お見舞いへのお礼のマナー……164
お見舞いへのお礼状の基本ひな型……166
病気・けがのお見舞いへのお礼……168
文例 病院へのお見舞いを辞退したいときのお礼 本人➡勤務先の上司……168
文例 重病患者の家族が出すお見舞いへのお礼 患者の妻➡患者の勤務先……169
災害見舞いへのお礼……170
文例 地震見舞いへのお礼 本人➡友人……170
文例 火災見舞いへのお礼（火元になってしまったとき） 本人➡知人……171

介護見舞いへのお礼……172
文例 親を自宅で介護している場合のお礼 要介護者の子➡親の知人……172

PART 6 葬儀・法要に関するお礼……173

葬儀・法要に関するお礼のマナー……174
会葬礼状と忌明けあいさつ状の基本ひな型……176
故人の人となりを伝えるオリジナルの会葬礼状……178
文例 子どもの思いを語り、最後に当日返しの断りを添えるお礼 喪主(故人の子)➡会葬者……178
文例 故人の生前のようすを伝えるお礼 喪主(故人の子)➡会葬者……179
ケース別オリジナル忌明けあいさつ状……180
文例 やわらかな文面でまとめる忌明けあいさつ状 法要の施主➡香典をいただいた人……180
文例 家族葬で見送ったときの忌明けあいさつ状 法要の施主➡香典をいただいた人……181
文例 香典の一部を寄付するときの忌明けあいさつ状 法要の施主➡香典をいただいた人……182
文例 香典返しを行わないときの忌明けあいさつ状 法要の施主➡香典をいただいた人……183
Column 仏教以外の場合の忌明けあいさつ状……184

巻末 きれいな文字でお礼状を書くための練習帳……185

1 漢字の「背骨」を通して書く練習をしましょう……186
2 字間を狭く、行間を広く書く練習をしましょう……188
3 漢字を大きめ、かなを小さめに書いてみましょう……189
4 お中元(お歳暮)へのお礼のはがきを実際に書いてみましょう……190
お中元へのお礼はがきの例……191

PART 1

手紙とはがきの「きまり」を覚えましょう

「手紙は形式やきまりがあるから苦手」という声をよく耳にします。
しかし、形式があるからこそ手紙は楽に書けるのです。
また、形式やきまりを守って書かれた手紙によって、
あなたの礼儀正しさや心からの「ありがとう」を
伝えられるというメリットもあります。

メール・LINEが主流の今だから迷う手紙マナー

用件によって連絡方法を使い分けましょう

「メールでお礼」はかなり略式の方法

現在は、仕事でもプライベートでも、メールが主流となっています。しかし、連絡方法の「格」という点で考えると、下のように、メールは最も略式な手段なのです。

電話やメールがベターの場合もある

しかし、メールや電話には、

◉すぐに、手軽にお礼ができる
◉メールや携帯電話は外出先でも受けとれる
◉電話なら、直接相手と話せる

というメリットがあり、次のような状況では、電話やメールでのお礼が適しています。

①生鮮食料品などが無事に届いたことを報告

正式

封書（便箋＋封筒）

◎お世話になったお礼（就職・仕事、人物紹介など込み入った用件）
◎格式高いお祝いへのお礼（結婚、賀寿、叙勲・褒章など）
◎弔事に関するお礼
◎個人情報が含まれるとき（口座番号、病名などを知らせるとき）

カード（カード＋封筒）

◎お世話になったお礼（もてなしや親切など日常的な用件）
◎お礼の品を送るときの添え状

②就職の世話を依頼した相手への決定の報告
③親しい人へ、近況報告を兼ねてお礼の電話
④親しい相手への、軽い用件でのお礼
⑤仕事関係者への業務上のお礼
⑥入院中など、メールが最上の手段のとき

「とり急ぎ」のお礼と「きちんとしたお礼」の二段構えも

①や②の場合、相手が目上のかたなら、まず電話などで「とり急ぎ」のお礼を述べ、さらに手紙で「きちんとした」感謝の気持ちを伝えれば、よりていねいです。二段構えでは大げさと思われるときは「本来はお礼の手紙を書くべきですが、まず届いたことをお知らせしようと思い、電話(メール)をさし上げました」とひと言添え、「電話やメールは略式」というマナーをわきまえていることをさりげなく伝えましょう。

略式

はがき・ポストカード

◎贈答のお礼(お中元、お歳暮、いただき物など)
◎日常的なお祝いへのお礼(誕生日、子どもの成長に伴うお祝いなど)
◎お世話になったお礼(もてなしや親切など日常的な用件)

一筆箋

◎日常的なお礼の品を送るときの添え状
◎借りた品物を返すときの添え状

電話

メール(LINEなどのSNSを含む)

◎急いで伝えたいことがあるとき
◎親しい相手への軽い用件でのお礼
◎仕事上のお礼　など

「きちんとした手紙」用の便箋・封筒を常備します

基本3点セットをいつも手元に

手紙を書くことに苦手意識を持つ人は、多くの場合、思い立ってすぐに手紙を書ける準備態勢がととのっていません。まず、あらたまった手紙から友人あてまで、幅広く使える、次の3点を手元に常備しておきましょう。

1．白地に罫線入りの便箋、同じ紙質の封筒

たて書き用。10行前後で罫線の幅が広めのものがおすすめです。罫が細いと、文章量が多くなり、文字の配置もむずかしくなるからです。和紙の場合、インクがにじむこともあるので「ペン・毛筆両用」を選ぶとよいでしょう。

封筒はたて型の和封筒（長形5号）が基本で

す。便箋・封筒は定番的に販売されている品を選ぶと、どちらかだけを買い足すときに便利です。

2. 白無地に罫線だけが入った「はがき箋」または「通常はがき（通称・官製はがき）」

郵便局などで売られている通常はがきは、そのままポストに投函できるのがメリットですが、罫線がないので文字をまっすぐに書くのがむずかしいものです。手紙を書き慣れていない人は、罫線入りの「はがき箋」が便利。ただし、切手を別に準備して貼らなくてはなりません。

3. 84円切手（封書用）と63円切手（はがき用）

普通切手でOKですが、好みの特殊切手（記念切手）を購入しておき、目的と季節に応じて使い分けるのもよいでしょう。

徐々にふやしていきたい手紙グッズ

◆好みの色柄の便箋・封筒

友人あての軽い用件のお礼状なら、よこ書きや色柄が入ったものでもOKです。

◆カード

込み入った用件には不向きですが、格としてははがきよりフォーマルで、便箋に向かうより気軽に書けるのがメリット。

◆ポストカード・絵はがき

多種多様で、選ぶのも受けとるのもうれしいもの。文字数が少ないのも魅力。

◆一筆箋

白または薄いカラーの無地の品は、多目的に使えます。気軽さの点では、下敷きを用いる無地より罫線入りを選びます。

ワープロなどで下書きをすることをおすすめします

修正液・修正テープを使うのはNG

修正液や修正テープは、補修をするための事務用品です。社内向けのビジネス文書の訂正に用いるのはかまいませんが、「気持ち」を伝えるための手紙には不向きです。

便箋が破れたからといって、セロハンテープでとめてそのまま使うことはしないでしょう。それと同じように、文字を書きまちがえたら、新しい便箋に書き直すのがマナーです。

また、修正液や修正テープを使った手紙を受けとった側は、決して気持ちのよいものではありません。人によっては「書き直す手間を惜しんだのだな」とマイナスイメージを持つこともあります。

あらたまった相手と用件の場合は下書きをする

手紙を書いている途中で文字を書きまちがえたときは、新しく書き直します。とはいえ、便箋の最終行近くまで書き進めた段階でミスしてしまうと、「また、はじめから書き直すのか」と頭を抱えたくなるものです。

書きまちがいを防止するには、下書きをすることです。

①便箋に鉛筆で薄く下書きしてからペンでなぞり、インクが乾いてから消しゴムで消す

②パソコンのワープロ（または携帯電話のメール画面）で下書きし、便箋に書き写す

などの方法が考えられます。

パソコンで下書きをして手書きで清書するというのは、二度手間のように思えます。しかし、

●手紙は自筆で書くことに価値がある
●ワープロの校正機能によって誤字や送りがなのまちがいがチェックできる
●相手の名前を行末にしない、自分の名前を行頭にしないなどの調整(27ページ参照)が容易に行える

などのメリットを考えると、結局は「ワープロ下書き」がいちばんの早道なのです。

カジュアルな用件なら「消せるボールペン」を使う方法も

ボールペンは、修正液や修正テープと同様、事務用品です。また、以前は、インクがダマになることもあり、手紙を書くのに用いるのはNGとされてきました。しかし、近年の技術進化はめざましく、筆跡もペンと変わらなくなっています。日常的な手紙であれば、ボールペンで書いてもかまわないでしょう。

中でも「消せるボールペン」は、修正跡を残さずに訂正できる便利な筆記用具です。日常的なお礼状に使うのはOKですが、熱を加えると文字が消えてしまうため、封筒の表書きに使うのは避けます。

封筒のきまり1 和封筒にたて書き【基本】

●【表・あて名】
郵便番号枠をガイドラインにすると書きやすい

❶【住所の位置】
郵便番号枠の右4ケタの幅内におさめるように書くのが目安。

❷【住所1行目】
枠の1cmほど下から住所を書き始める。

❸【住所2行目】
少し行頭を下げ、1行目より小さめの文字で書く。

❹【名前】
郵便番号枠の左から2つ目が封筒のほぼ中央。名前はその中央線の上に、住所よりも大きめの文字で書く。

❺【敬称】
「様」が住所の行末より下になるようにすると、バランスよく見える。

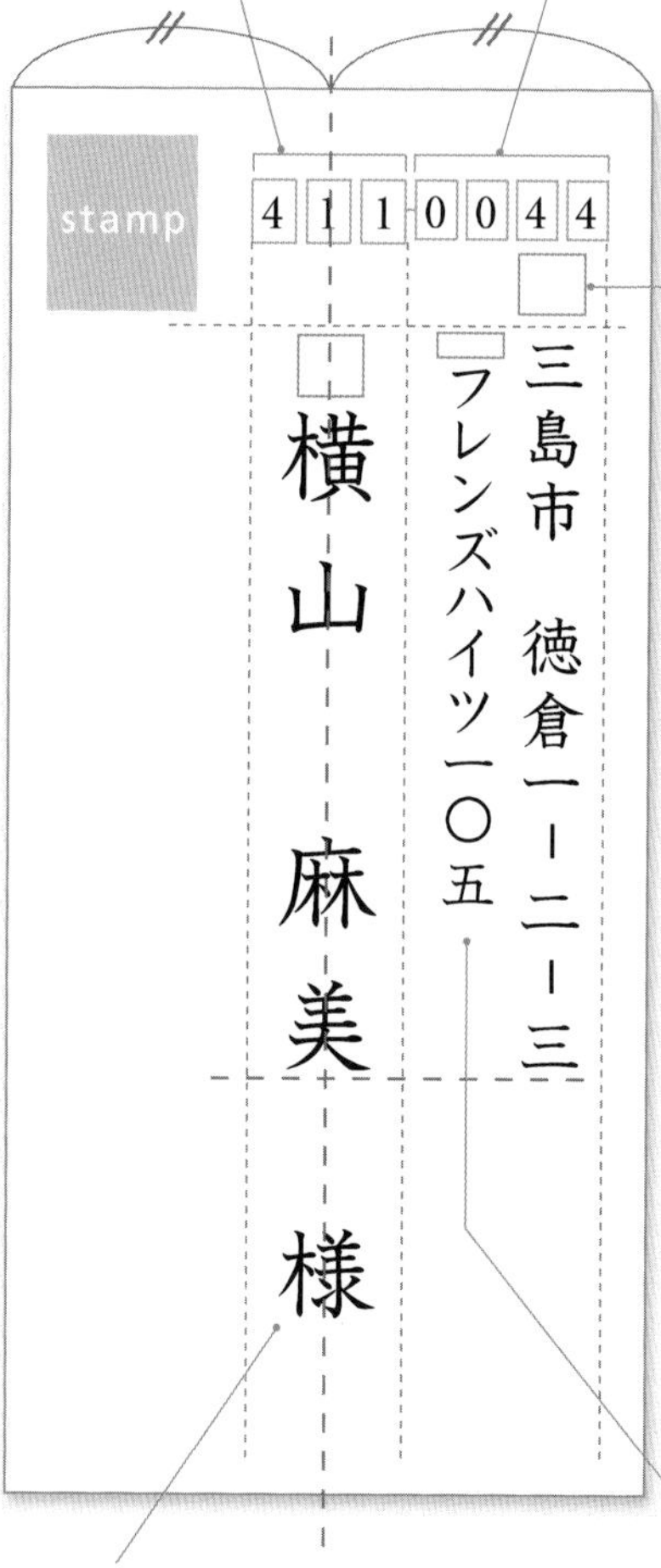

●【裏・差出人の住所氏名】
現在は左側に寄せて書くのが一般的

❺【封字】
「きちんと封をしました」という意味で、ふたと本体の両方にかかる位置に「〆」と書く。

❹【日付】
郵便番号枠の上部に書く。

❶【位置】
郵便番号枠が印刷されている場合は、枠の幅内に住所氏名がおさまるように書く。

❷【名前】
住所より大きめの文字で。最後の文字が住所の行末と同じ、またはやや下になるようにすると美しく見える。

❸【封筒の継ぎ目】
正式には、封筒の継ぎ目の右に住所、左に名前を書くが、現在は郵便番号枠の印刷に合わせて左側に寄せて書くのが主流。

本来の書き方

継ぎ目の左右に住所と氏名を分けて書くのが本来の方法。郵便番号枠が印刷された封筒が多くなり、書き方マナーも変化した。

封筒のきまり2 和封筒にたて書き【応用】

●会社あてに出すとき 役職名は名前の上に書く

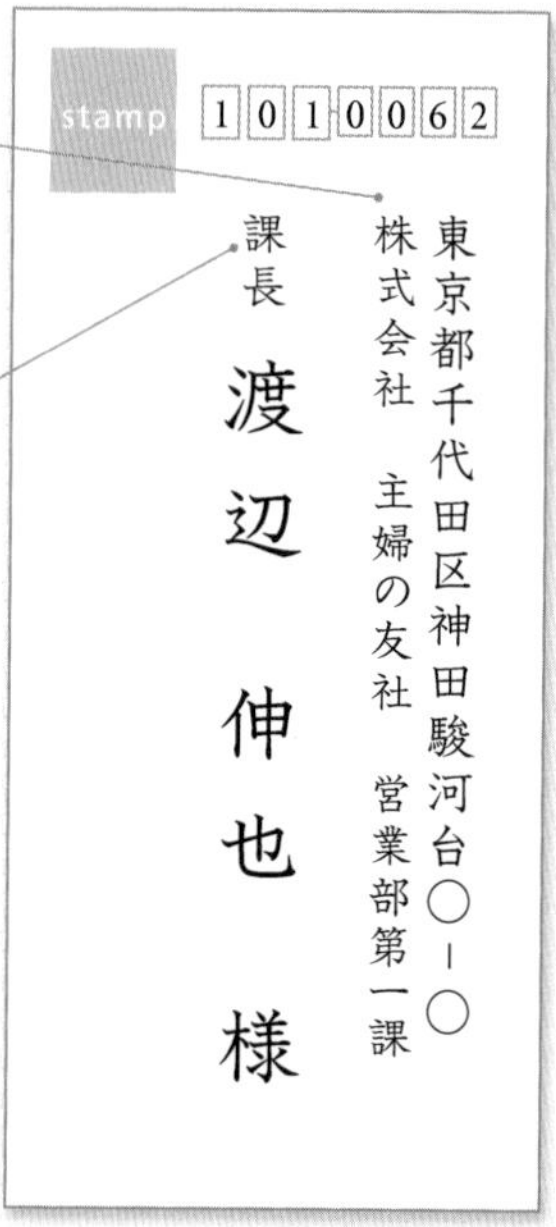

❶【社名】
行頭から書く。(株)などと略さずに正式な社名で。

❷【役職名】
名前の上に小さい文字で書く。

●役職名が長いとき① 区切りのよいところで2行に分ける

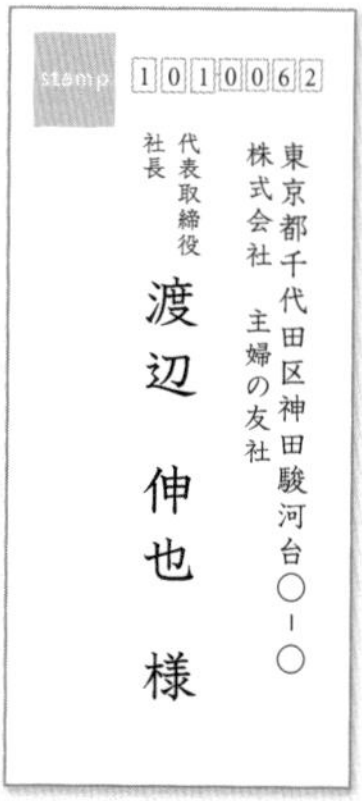

【役職名】
「代表取締役社長」など5〜10文字の場合は「代表取締役」「社長」と2行にする。

●役職名が長いとき② 名前の右に小さく添える場合も

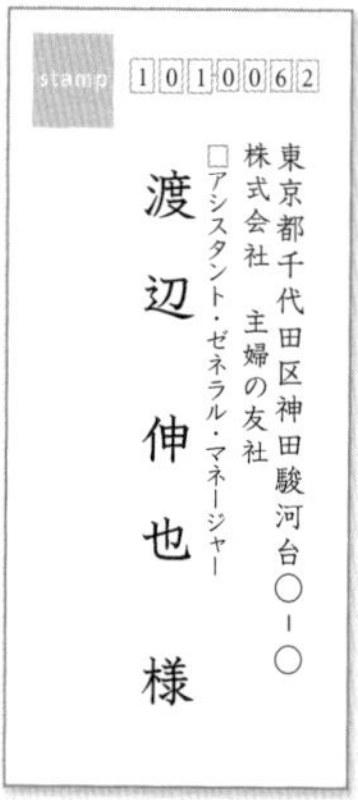

【役職名】
10文字以上の場合は、社名・部署名の次の行に1文字分程度下げて書く。

●あて名を連名にするとき「様」は一人ずつにつける

❶【連名】
夫婦など、同姓の場合は、下の名前だけを並べて書く。

❷【敬称】
２人分を兼用させて「様」を１つだけ、あるいは２人目の名前に「様」をつけないのはＮＧ。

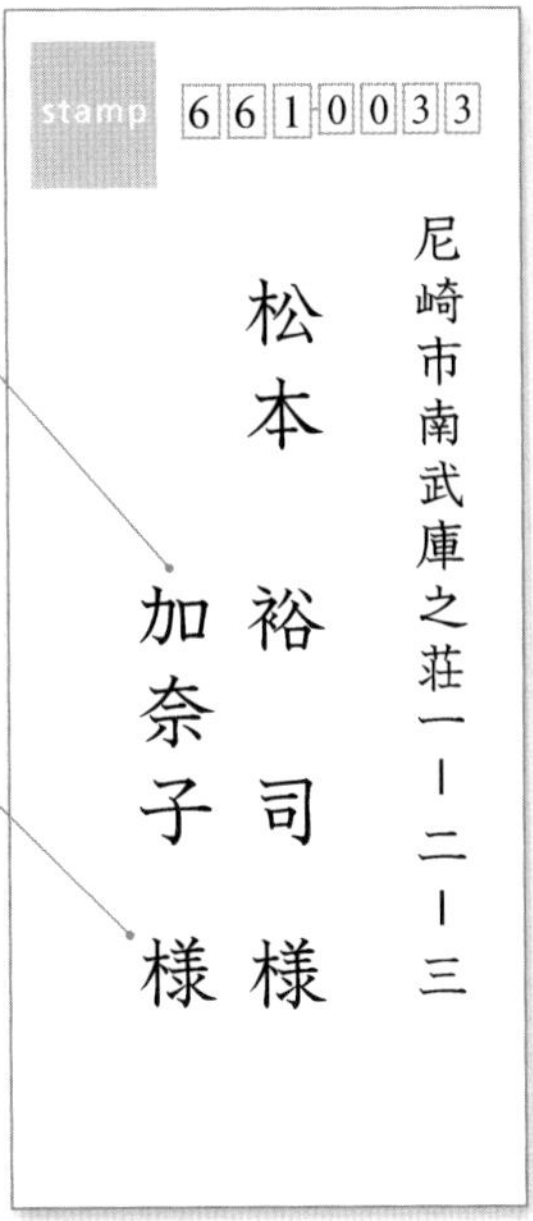

●寄宿先（里帰り出産中の女性や、子どもの家に同居する親あて）に送るとき 相手は「○○様方」、自分なら「△△方」

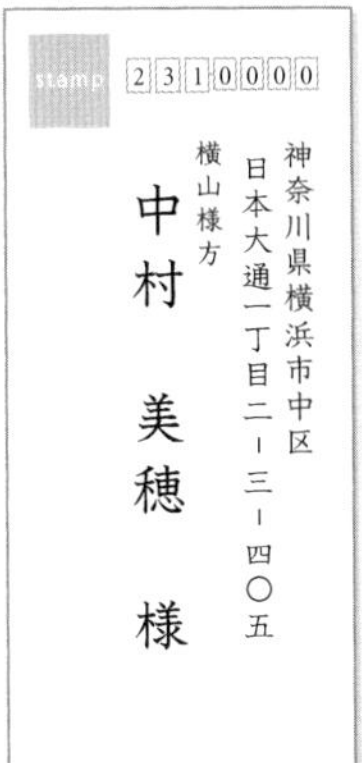

【寄宿先】
あて名の右肩に小さく「○○様方」と書く。

●家族の代筆で出すとき 代筆であることを明記する

【代筆】
本来の差出人名を書き、左下に小さく「代」と書く。妻が夫の代筆をする場合には「内」または「内　由美子」などとすることもある。

封筒のきまり3　洋封筒（洋形2号など）

●洋封筒にたて書き（表）

幅広なのでバランスを考えて書く

❶【住所】
郵便番号枠の右４ケタの幅内に書く。和封筒より幅広なので、バランスに注意。

❷【名前】
郵便番号枠の左端が、封筒のほぼ中央。名前はその中央線の上に、住所よりも大きめの文字で書く。

●洋封筒によこ書き（表）

切手の位置と向きに注意すること

❶【切手】
読みとりシステムの都合上、洋封筒をよこおきで使う場合は右上に切手を貼る。

❷【あて名】
封筒の中央線より下になるように書くと重心が定まり、バランスよく見える。

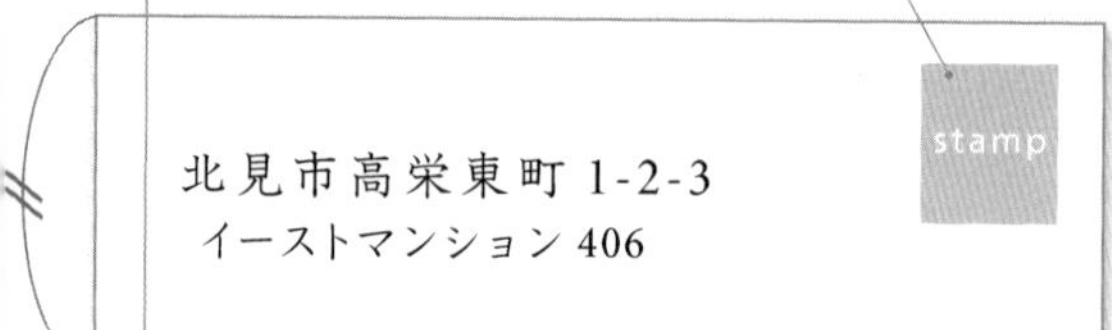

●洋封筒にたて書き（裏）
封字は書かなくてもよい

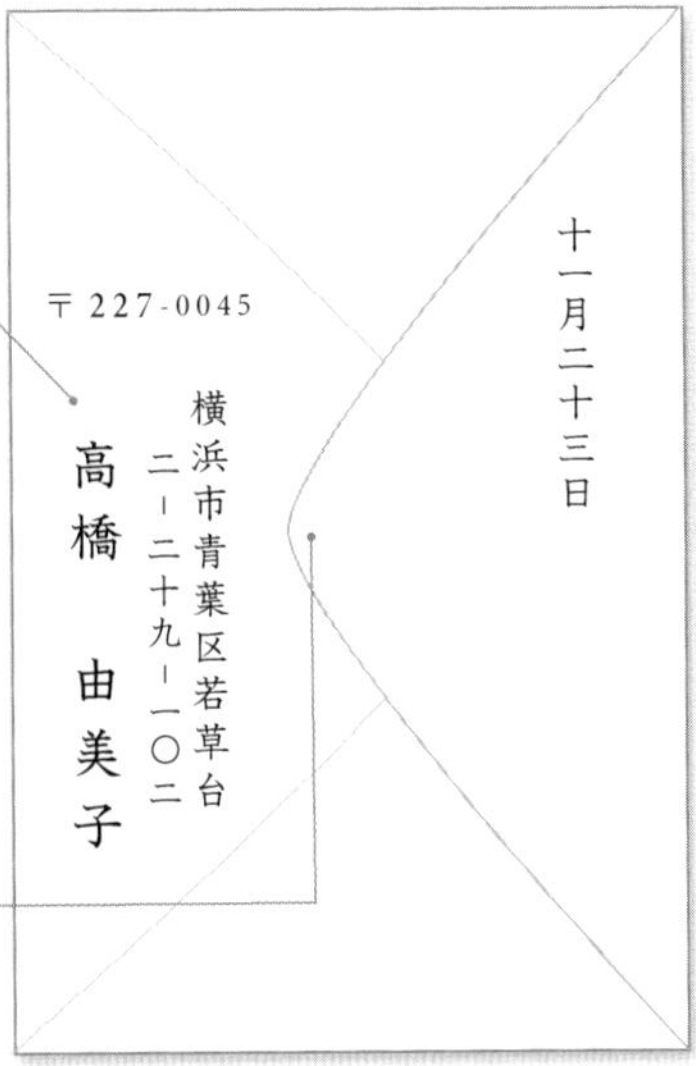

❶【住所氏名】
紙の継ぎ目に文字がかからないように書く。

❷【封字】
洋封筒の場合は「〆」は書かなくてもよい。欧米では「〆」などの封字ではなく、シーリングワックスというロウを封のしるしにしていたため。また「〆」が「×」に見え、あらぬ誤解を生むこともある。

●洋封筒にたて書き（弔事の場合）
左からふたをかぶせるように使う

【封筒の向き】
不幸のときは、通常と逆の「左封じ」にするという日本の慣習にならって、封筒も逆向きに使う。この場合は、郵便番号枠が印刷されていない封筒を選ぶ。

●洋封筒によこ書き
よこ書きの場合は算用数字で

【住所氏名】

たて書きの場合と同様、紙の継ぎ目に文字がかからないようにする。住所の枝番や日付は算用数字を使うのが自然。

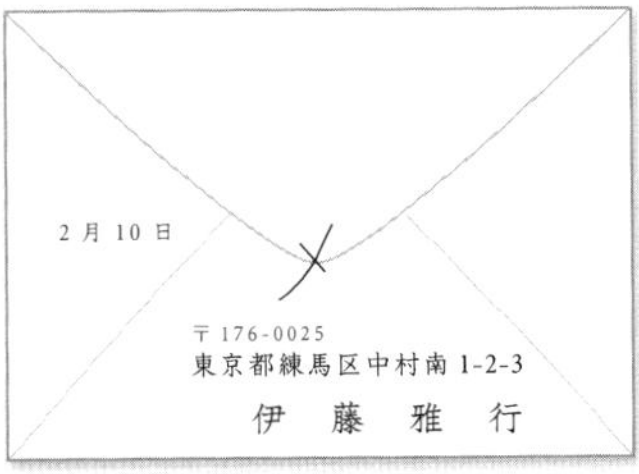

はがきのきまり

●通常はがき・はがき箋(裏が通信面)

あて名が郵便番号枠の左にはみ出さないように書く

❶【住所】
郵便番号枠の右4つの幅の中におさまるように書く。

❷【名前】
郵便番号枠の左端と2つ目の間がほぼ中央。名前はその中央線の上に、住所よりも大きめの文字で書く。

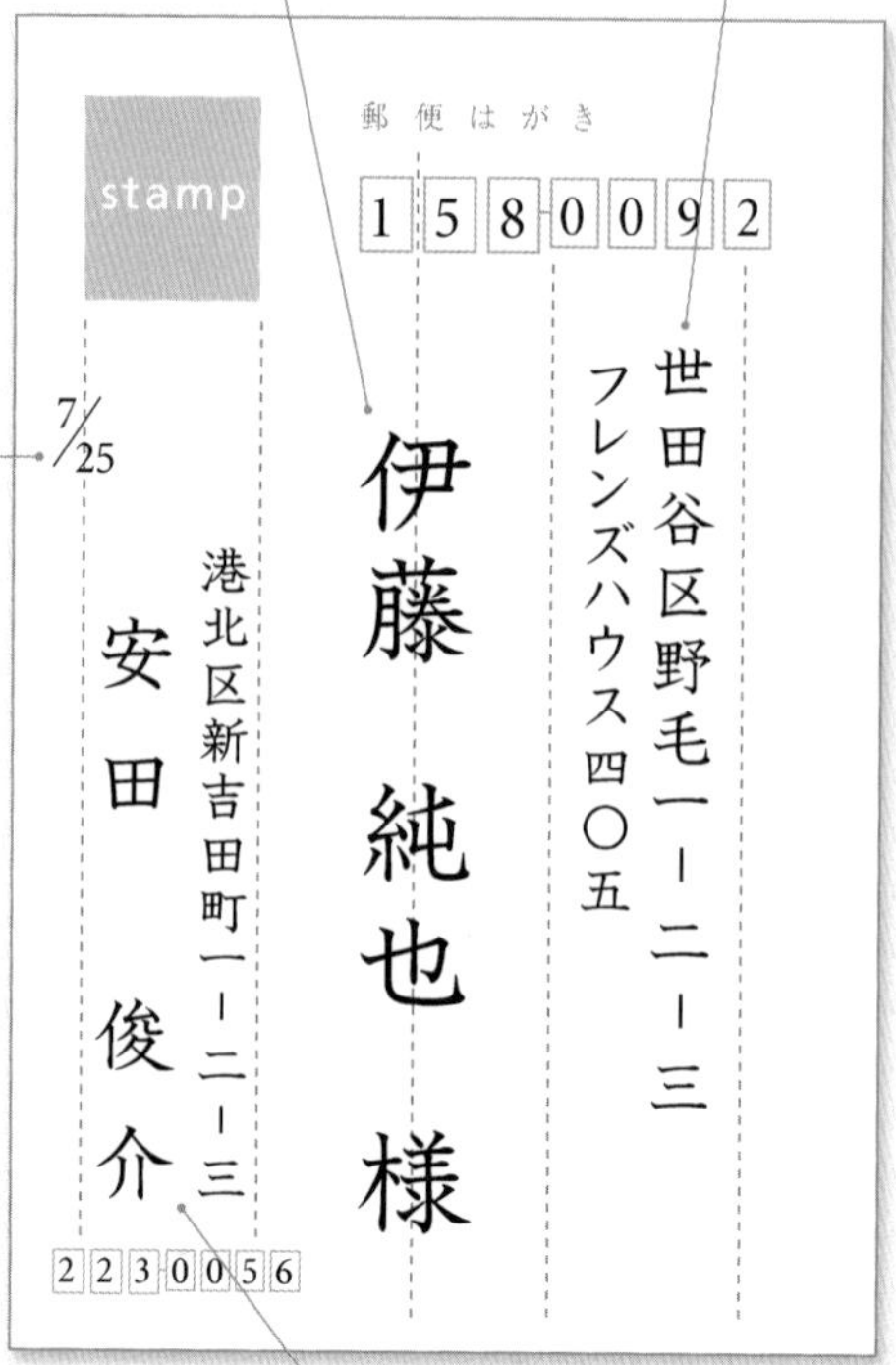

❸【差出人】
切手部分の幅内におさめるように書く。

❹【日付】
スペースがあれば「〇月〇日」とするのがよいが、はがきの場合は略記してもよい。

●絵はがき・ポストカード（たて書き）

スペースが小さいのでバランスに気をつけて

❶【あて名】
スペースが小さいので、バランスを考えたあとで書き始める。

❷【差出人】
切手部分の下におさめるように小さめの字で書く。

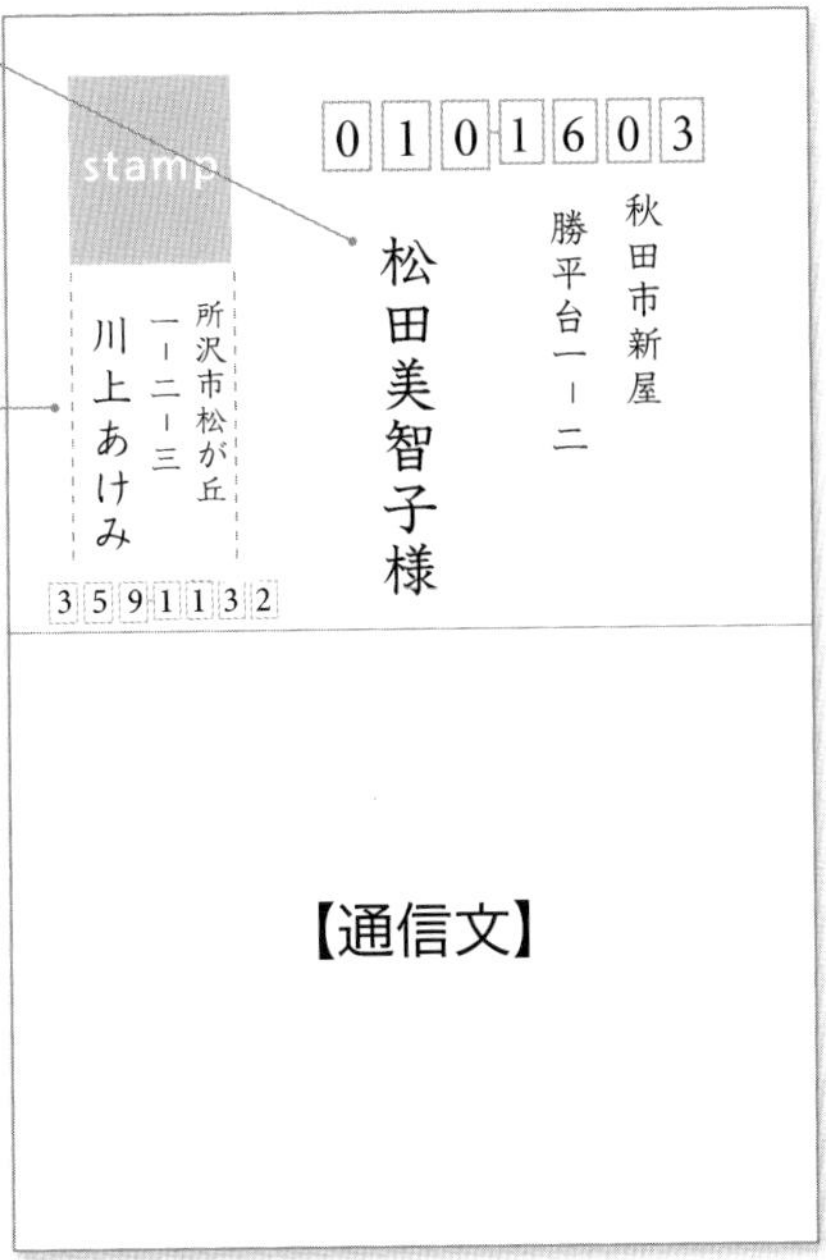

●絵はがき・ポストカード（よこ書き）

左側に文章、右側にあて名を書く

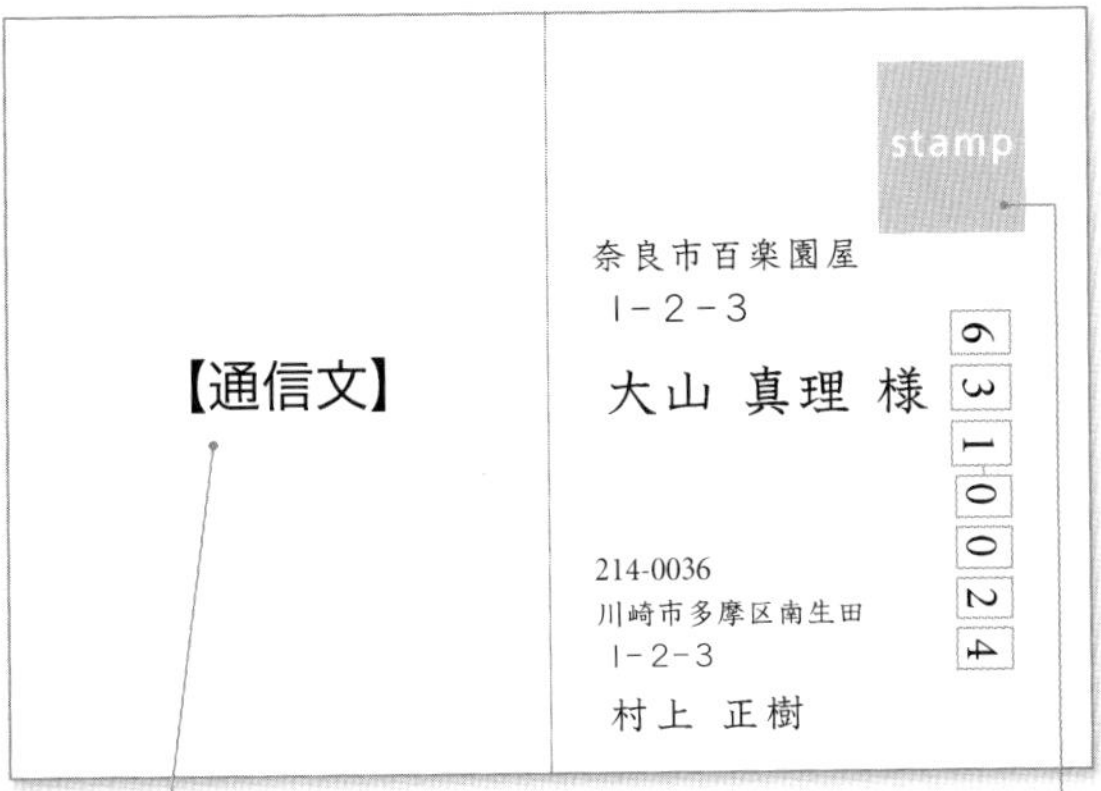

❷【通信文】
はがきをよこ長に使う場合は、あて名が右側、通信文が左側になる。

❶【切手】
表書きと方向をそろえて貼る。

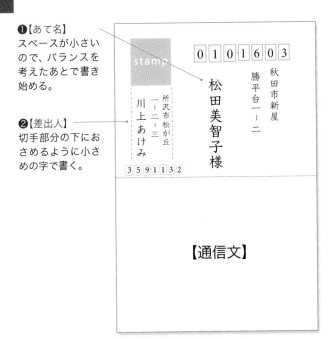

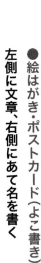

便箋のきまり1 たて書き

お中元をいただいたお礼

妻↓夫の知人

前文（はじめのあいさつ）

❶拝啓□盛夏の候、❷高橋様にはご清祥にお過ごしのことと
お喜び申し上げます。日ごろは❸主人がお世話になり、心より
御礼を申し上げます。

主文（感謝の気持ちを伝える）

❹□さて、このたびはごていねいなお心遣いを❺ご恵贈いただき、
まことにありがとうございました。猛暑の日々にはうれしい
品で、家族で早速堪能させていただきます。
□高橋様のお子様がたが小学生のころ、拙宅にご家族でい
らしてくださったのは、いまでも楽しい思い出です。ぜひま
た皆様おそろいでお出かけくださいませ。

正しい文字の配置をマスターしましょう

❶「拝啓」などの頭語は行頭から書く

相手への敬意を示すため、行の先頭から書き、1文字分あけて時候のあいさつをつづけます。「拝啓」だけで改行するのは誤りです。

✕NG

拝啓
盛夏の候、高橋様には……

❷相手側をさす言葉（高橋様など）を行末にしない

行末になりそうなときは、文章の前後を入れかえるか、改行して調整します。

❸自分側をさす言葉（主人など）を行頭にしない

❷の要領で調整します。

❹改行したら1字分下げて書き始める

一般的な文章や文書を書くときと同じです。

❺相手への敬意を示す言葉（ご恵贈など）を行末にしない

末文（結びのあいさつ）

□末筆ではございますが、奥様にくれぐれもよろしくお伝えくださいませ。

□まずは略儀ではございますが、書中にて御礼を申し上げます。

❻敬□具□

後付け（日付、差出人名、あて名）

❼□□七月十日

❽加藤　昌平

内❾

❿高橋　徹　様

ご恵贈（物を贈られること）、ご自愛（体をたいせつにすること）などが行末になったり、2行に分かれたりしないよう、❷の要領で調整します。

❻**「敬具」などの結語の位置に注意する**
「敬　具」と文字の間をあけ、行末より1字分上の位置におきます。手紙の最終行の下に余白があればその行に書いてかまいません。

❼**日付は行を改め、1〜2字分下げて**
プライベートな手紙の場合は「年」を省き「月日」だけでOKです。

❽**差出人の名前は日付の次の行の行末に**
結語と同様に、1字分上におく方法もあります。

❾**代筆の場合は、小さく「代」「内」を添える**
封筒（19ページ参照）と同じように、差出人名の左下に小さく書き添えます。

❿**あて名は行頭から書く**
相手への敬意を示すために、本文や差出人名よりも大きな文字で書くとよいでしょう。

新築祝いへのお礼

本人➡知人

前文

❶
□新緑が目にまぶしい季節となりましたが、
❷
皆様お元気でお過ごしのことと存じます。

主文

　このたびは、拙宅の新築にあたり、すてきな観葉植物を送っていただき、ありがとうございました。リビングの雰囲気にぴったりで、眺めるたびに心癒されております。さっそく写真に収めましたので、同封させていただきます。

　小さな家で、通勤時間も長くかかるようになってしまいましたが、自然に恵まれた環境のもとで、子どもたちをのびのびと育てることができればと願っております。

末文

　お宅からですと、乗り換え１回でいらっしゃることができます。ぜひ近いうちに一度遊びにいらしてくださいませ。心よりお待ちしております。

　まずはとり急ぎ御礼のみにて失礼いたします。

❸
かしこ□

後付け

□□5月15日

沢村　香苗

❹
小池優子様

❶ 頭語を省くときは1字分下げて書き始める

「拝啓」などの頭語を省き、相手に語りかけるような調子で書いてもよいです。その場合は、一般的な文章のように1字分下げて書き始めます。

❷ 相手側をさす言葉を行末にしない、自分側をさす言葉を行頭にしない

たて書きの場合と同じように調整します。

❸ 結語だけで1行にしてもよい

本文の最終行の下に余白があれば、その行に書きますが(25ページ参照)、余白がなければ、次の行におきます。

❹ あて名を冒頭に書いてもよい

あて名は手紙の最後に書くのが正式ですが、よこ書きの場合は「最下端」になることを気にする人もいます。親しい相手への手紙なら、下記の要領で冒頭にあて名を書いてもかまいません。

一筆箋で軽いお礼を書く場合

❶留美さんへ

❶□先日は、お財布を忘れてしまうという大失態、ほんとうにお恥ずかしい限りです。でも、留美さんがいてくださって、とても助かりました。立て替えていただいた分と、ささやかなお礼です。こんな私ですが、これからもよろしくね。

晴美より❷

❶ 相手に呼びかけるように

「○○さんへ」「△△より」と、ふだんの呼び方をあて名と差出人名にして、親しみを込めます。

❷ 手紙の形式にはとらわれず自由に書いてよい

かた苦しい文章は、かえって不自然です。

イベント参加のお礼文書　主催者➡出席者

❶
202*(令和＊)年○月○日

❷
□株式会社○○
□□○○部長　○○○○様

△△株式会社
□△△部長　△△△△□□❸

❹
セミナー参加のお礼

❺
拝啓　時下ますますご清祥のこととお喜び申し上げます。
さて、先日はご多忙中にもかかわらず弊社主催の「○○セミナー」にご出席いただき、まことにありがとうございました。(以下略)

敬　具

日付、受信者名、発信者名を冒頭に

イベント参加のお礼など、業務上の軽いお礼状の場合は、手紙ではなく、ビジネス文書の形式にととのえる場合もあります。

❶ 右ぞろえで(行末に)日付～年号から入力
❷ 行頭から受信者名(あて名)
❸ 行末に発信者名(差出人名)
❹ 中央ぞろえで件名
❺ 本文

という形式は決まっていますが、受信者名と発信者名の配置のしかたは、組織によって異なるので確認しましょう。ちなみに「日本語ワープロ検定」を実施する日本情報処理検定協会では、行頭と行末を1～2字分あける方式を採用しています。

便箋の折り方と封筒への入れ方

相手が開封して便箋を開いたら書き出し部分が見えるようにする

便箋の折り方は何通りも考えられますが、封筒から便箋をとり出して開いたときに、手紙の書き出しが目に入るように折ることが大事です。

また、開封するときに便箋をハサミで切ってしまわないよう、折り山が上にならない向きにし、封筒の下部までさし入れましょう。

和封筒の場合

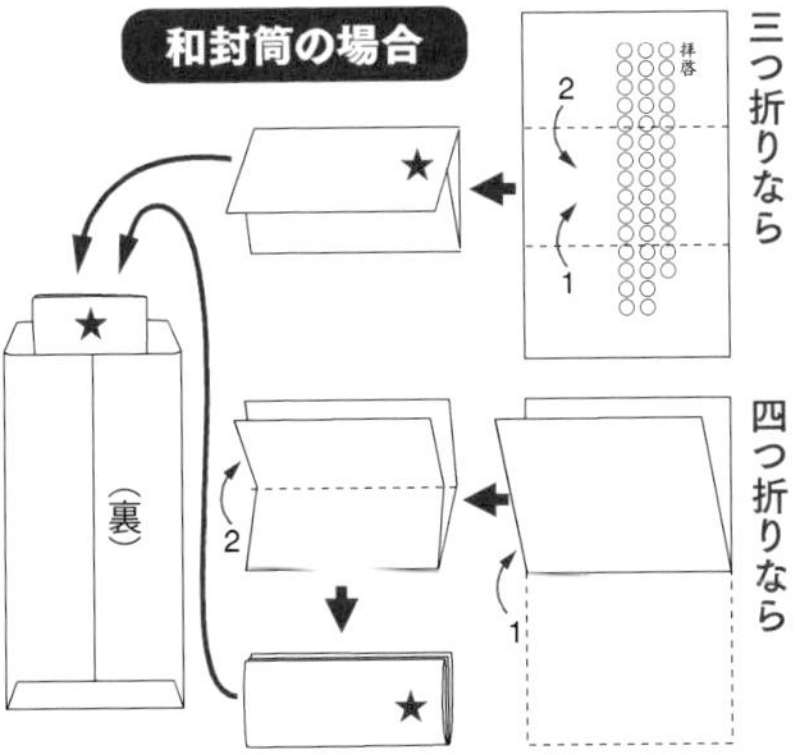

洋封筒の場合

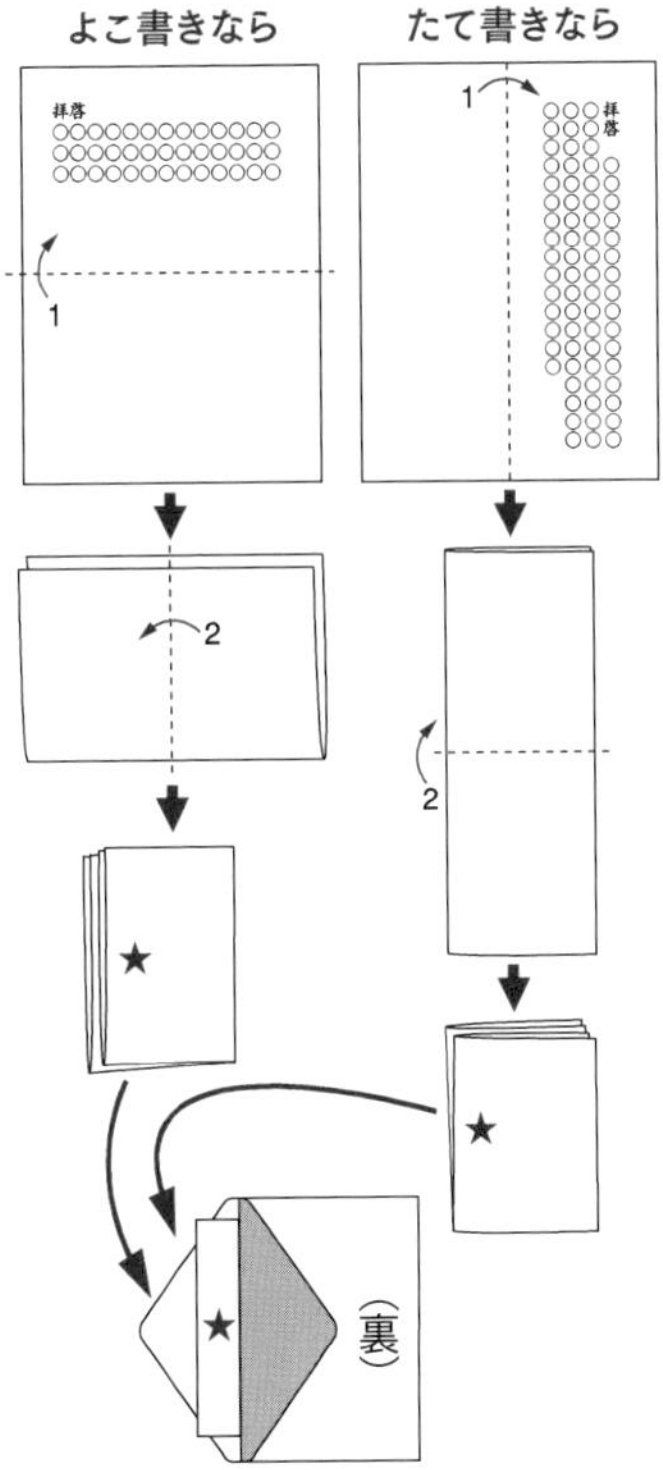

※★が見えるように入れる。

頭語と結語はセットで覚えましょう

一般的な組み合わせを使うのが無難

頭語は、話し言葉の「こんにちは」にあたる書き出しの言葉で「拝啓」が代表格です。結語は別れのあいさつの「さようなら」にあたる言葉で「敬具」などがあります。

左ページの表のように、頭語と結語には多くの種類があり、手紙の内容によって組み合わせ方が決まっています。ただ、ふだん目にするDM《ダイレクトメール》やビジネス文書でよく使われているのは「拝啓―敬具」「謹啓―謹言(または謹白・敬白)」です。一般になじみのない頭語や結語を使うと、相手に意味が伝わらなかったり、誤字だと思われてしまったりするおそれがあるため、太字または赤字で示した語句を使うことをおすすめします。

はがきや親しい人への手紙では頭語・結語を省いてもOK

頭語・結語は、手紙の形式にのっとった漢語表現です。はがきは略式の手段ですから、頭語・結語は省いてもかまいません。また、親しい人にあてる手紙や、女性が書く手紙の場合、「拝啓」「謹啓」で始めるとかた苦しい印象を与えるので、表内の赤字表現を使うか、頭語・結語を省略するのがよいでしょう。たとえば、

「本年も残すところわずかとなりましたが」など、話し言葉調の時候のあいさつや、

「このたびは○○をありがとうございます」など感謝のメッセージから書き始め、

「まずはお礼のみにて」で結べばよいのです。

頭語と結語の組み合わせ

手紙の種類	具体的な例	頭語	結語
一般的な手紙	贈答品やお祝いへのお礼	**拝啓**／拝呈／啓上 一筆申し上げます	**敬具**／敬白／拝具 かしこ
あらたまった手紙	目上の人への込み入った用件でのお礼	**謹啓**／謹呈／恭啓 謹んで申し上げます	**謹言**／**謹白**／**敬白** かしこ
前文を略す手紙	親しい相手へのお礼・はがきでのお礼	**前略**／冠省 前略ごめんください	**草々**／不一 かしこ
急用の場合	とり急ぎお礼を述べたいとき	**急啓**／急呈 とり急ぎ申し上げます	**草々**／不一 かしこ
相手の手紙への返信	送り状や祝い状をいただいているとき	**拝復**／復啓／謹復 お手紙ありがとうございました	**敬具**／敬白／拝具 かしこ
初めて手紙を出すとき	人を介して紹介を受けた人へのお礼	初めてお便りをさし上げます 突然お手紙をさし上げる失礼をお許しください／**拝啓**	
重ねて手紙を出すとき	依頼状のすぐあとにお礼状を出すとき	**再啓**／重ねて申し上げます	

※**太字**はよく用いられる組み合わせです。
※赤字は主に女性が使うやわらかい表現で、ビジネスシーンでは用いません。

時候のあいさつ

1月

睦月《むつき》
正月に親族が集まる、「睦び（親しくする）の月」

お年玉をいただいたお礼

親→親戚

おすこやかに新年をお迎えのことと存じます。ごていねいに、息子たちへお年玉をお贈りいただき、ありがとうございました。実は下の子の誕生を機に子どもたち名義の通帳を作りましたので、叔母様からのお年玉を記念すべき第一号として記帳いたしました。将来にわたり、有効に使わせていただきます。
御地は大雪とのこと、くれぐれもご自愛ください。まずはお礼のみにて。

Point 1月半ばまでは新年のあいさつを入れるのが一般的です。

小寒と大寒の期間を「寒中」と呼ぶ

「小寒」「大寒」は、太陽の動きをもとに、1年を24等分した二十四節気の名前です。毎年同じ日付にはなりませんが、1月6日ごろ～20日ごろが小寒、1月21日ごろ～2月3日ごろが大寒、そして翌2月4日ごろが立春となります。寒中見舞いの「寒中」は、小寒と大寒の期間という意味です。時候のあいさつに用いるときは、時期はずれにならないよう注意しましょう。

漢語調のあいさつ

1月ならいつでも　◆寒冷の候　◆厳冬の候
初旬向き　◆新春の候　◆初春の候　◆小寒の候
下旬向き　◆晩冬の候　◆大寒の候

書き出しの文例

◆初春のお慶びを申し上げます。（年賀状を出していない相手に）
◆寒中お伺い申し上げます。（8日以降）
◆寒に入り、いよいよ冬も本番となりました。（上旬・中旬）
◆風花が輝く季節となりました。
◆暦の上では大寒を迎えましたが、おだやかな天候がつづいております。（下旬）
★寒中お見舞い申し上げます。
★皆様おそろいで楽しいお正月をお迎えのことでしょう。（上旬）
★松飾りもとれ、ようやくいつもの毎日が戻ってまいりました。（8日〜15日ごろまで）
★そちらは美しい雪景色が広がっていることでしょう。
★春が待ち遠しいころとなりました。

結びの文例

◆新しい年がご家族皆様にとって実り多き年になりますようお祈りしております。（上旬）
◆寒さ厳しき折から、おかぜなど召しませぬようご自愛くださいませ。
★寒さはこれからが本番。ご自愛ください。
★今年も変わらぬおつきあいをよろしくお願いいたします。（上旬）

MEMO

漢字の持つ印象にも気を配る

「○○の候」とする場合、感謝の気持ちを伝えるという目的を考えると「酷寒」「酷暑」など「酷い」というマイナスイメージのある漢字はマッチしません。また、葬儀関係のお礼状に「陽春」「爽秋」など明るいイメージの語句はそぐわないものです。時期的な問題だけでなく、漢字の意味も考えて使いましょう。

◆はあらたまった相手・目上の人に、★は親しい相手に出すときに向く表現です。

時候のあいさつ

2月

如月《きさらぎ》

寒さのために、着物をさらに重ね着する「(衣更着)月」

「暦の上では春だが、まだ寒い」より「まだ寒いが、暦の上では春」のほうが明るい

「暦の上では春(プラス)」から始めて「寒い(マイナス)」で結ぶと文章が暗くなりがちです。こんなときは「寒いけれど春だ」と順番を逆にするか、「余寒の候ですが、お元気でお過ごしのことと存じます」と安否のあいさつにつなげて結ぶなどして、文末を前向きに調整します。

漢語調のあいさつ

2月ならいつでも　◆早春の候　◆余寒の候
◆浅春の候　◆梅花の候
上旬向き　◆立春(4日ごろ)の候
下旬向き　◆雨水(19日ごろ)の候　◆解氷の候

名産品を贈られたお礼

本人↓友人

まだまだ寒い日がつづきますが、暦の上では春になりましたね。
本日、御地名産のワカサギが無事に届きました。料理じょうずの緑さんのおすすめレシピもうれしかった！　いままでは天ぷらやつくだ煮にするばかりだったけれど、今回教えてくださった「カレー揚げ」、さっそくチャレンジしてみますね。
やさしいお気遣いに感謝しつつ、とり急ぎ一筆お礼まで。

Point 品物とともに、そこに込められた相手の配慮についてもお礼を述べます。

書き出しの文例

◆余寒お伺い申し上げます。
◆ようやく日足も長くなってまいりました。
（上～中旬）
◆春まだ浅いこのごろでございますが……
◆寒さの中にも、春の足音が近づいてまいりました。
◆本格的な春の訪れが待たれるこのごろでございますが……
◆早咲きの梅が香る季節となりました。
★余寒お見舞い申し上げます。
★恵方巻からチョコレートへと、デパ地下も大忙しの時期になりましたね。
★御地は冬まつりでにぎわっていることでしょうね。
★風の冷たさの中に、ほんの少し春を感じます。
★春一番が吹き、寒さもやわらいできましたね。

結びの文例

◆余寒厳しき折から、どうぞご自愛ください。
◆梅のほころびを心待ちに、まずは書中にて御礼申し上げます。
★すこやかな春を迎えられますようお祈りし、まずはお礼まで。
★お互いに、すてきな春が訪れますように。

MEMO

お礼状の敬語①【人の呼び方】

	相手側の呼び方	自分側の呼び方
本人	○○様、○○先生	私、私ども、当方
父	お父(上)様、ご尊父様	父、亡父
母	お母(上)様、ご母堂様	母、亡母
息子	ご子息様、ご令息様	息子、長(次)男
娘	お嬢様、ご令嬢様	娘、長(次)女
父母の兄姉	伯父様、伯母様	伯父、伯母
父母の弟妹	叔父様、叔母様	叔父、叔母

◆はあらたまった相手・目上の人に、★は親しい相手に出すときに向く表現です。

時候のあいさつ

3月

弥生《やよい》　草木がいやがおうにも生える「いやおい（弥生）」月

ホワイトデーのお礼

妻↓夫の取引先

やわらかい春の日ざしが心地よい季節となりました。

その節は、すてきなチョコレートをいただき、ありがとうございました。当地では入手できない品を、わざわざとり寄せてくださったと伺っております。そのお心遣いをかみしめながら、家族でおいしく頂戴いたしました。これからも、いろいろお世話になることと存じますが、どうぞよろしくお願いいたします。

Point　お返しの贈り物をするとき、手渡しできないなら、カードなどを添えます。

相手の環境や家族を思い描きながら

3月は、卒業・転勤などで相手の環境に変化があることが多い時期です。親しい人へは、

「お子様の卒業式もまもなくですね」

「○○市に赴任なさってから、早いもので2年になりますね」

など、相手やその家族のことを思い浮かべながら書く内容を考えると、決まり文句ではない、心の通った時候のあいさつになります。

漢語調のあいさつ

上旬向き　◆早春の候　◆浅春の候
中～下旬向き　◆春分（21日ごろ）の候　◆春暖の候　◆春陽の候　◆春光の候　◆春和の候

書き出しの文例

◆春まだ浅い時節ではございますが、お変わりなくお過ごしのことと存じます。(上～中旬)

◆桃の節句も過ぎ、春の便りが聞かれるころとなりました。

◆梅の香りがただよう春暖の候となりました。

◆日ましに春めいてまいりました。

◆ひと雨ごとに寒さもゆるむこのごろ、……

◆南のほうからは桜便りが聞かれるころとなりました。(中～下旬)

★春を迎え、お嬢様の卒業式の準備にお忙しいころでしょう。(上旬)

★街の中にも春の色が戻ってきましたね。

★春の風が快いころとなりました。

★今年の桜は開花が早そうですね。

★三寒四温と申しますが、例年になくおだやかな天候がつづいております。

結びの文例

◆季節の変わり目ですので、どうぞご自愛ください。

◆春寒の折、お体にお気をつけください。

★久々にお花見をごいっしょしませんか。またご連絡いたします。

MEMO

お礼状の敬語②【物事の呼び方】

	相手側(尊敬表現)	自分側(謙譲表現)
手紙	お手紙、お便り、ご書状、ご書面	書中、書状、書面
返信・返事	お(ご)返事、ご返信、ご返答(「お返事」「ご返事」はどちらも正しい日本語表現ですが、最近は「お」が優勢です)	ご返信(申し上げます) お(ご)返事(申し上げます)
贈り物・品物	ご芳志、ご厚志、けっこうな品。銘菓、佳品、美酒	心ばかりの品、お礼のしるし、粗菓、粗品、寸志(「寸志」は目上に対しては使わない)
配慮	お心遣い、お気遣い、ご芳情、ご配慮、お気持ち	心ばかり、気持ちばかり
住まい・土地	お住まい、お宅、ご尊家、御地	拙宅、当方、当地

◆はあらたまった相手・目上の人に、★は親しい相手に出すときに向く表現です。

時候のあいさつ

4月

卯月《うづき》

「卯（ウツギ）の花が咲く月」

入学祝いへのお礼

親→親戚

春の光がまぶしい季節となりましたが、お変わりなくお過ごしのことと存じます。

　このたびは入学祝いをいただき、ありがとうございました。記念になり、毎日使うものをと考え、学習用の電気スタンドをそろえさせていただきました。たいせつに使わせていただきます。

　季節の変わり目ですので、どうぞお体をたいせつになさってください。

　まずは一筆お礼のみにて。

Point 「ありがとう」のひと言でも、子ども自身のメッセージを添えたいもの。

桜の季節は言葉選びに注意

日本は南北に長く、地域によって季節感が大きく違います。特に気をつけたいのが桜の季節。早いところでは3月下旬に開花しますが、北海道で桜が咲くのはゴールデンウイークのころです。「桜」を使って時候のあいさつを書くときは、相手の土地の状況を思いやりながら、表現を調整しましょう。

漢語調のあいさつ

4月ならいつでも　◆陽春の候　◆春暖の候
◆麗春の候　◆仲春の候　◆春風駘蕩の候
桜の時期に留意しながら使う　◆桜花の候
◆桜花爛漫の候　◆桜花匂う候

書き出しの文例

◆桜花爛漫の好季節となり、皆様にはご清祥にお過ごしのこととお喜び申し上げます。
◆桜の季節を迎え、皆様におかれましても輝かしい陽春をお迎えのことと存じます。
◆新年度もスタートし、ますますお元気でご活躍のことと存じます。
◆清明(穀雨)の候、皆様にはご健勝にお過ごしのことと存じます。(清明は上旬、穀雨は下旬)
◆春の気配もようやくととのいました。
★新一年生のかわいらしい姿が心うれしいころとなりました。
★お花見には、もういらっしゃいましたか。
★いつのまにか葉桜の季節となりました。
★うららかな春日和がつづいております。
★春風のやわらかさが頬にうれしい季節となりました。

結びの文例

◆天候定まらぬ折から、ご自愛ください。
◆新しい環境でのお仕事が、いっそう実りあるものになりますよう、ご祈念申し上げます。
◆新生活が順風満帆なものになりますよう、心よりお祈りいたしております。

MEMO
お礼状の敬語③【敬称】

敬称	使い方	用例
様	個人名につける一般的な敬称	田中一郎様
殿	ビジネスで用いることはあるが、プライベートな手紙には使わない	
先生	教師、医師、弁護士、政治家などふだんから「先生」と呼ばれる職業の人あての手紙に	中央小学校 鈴木由美先生
各位	「皆様へ」という意味で、団体に所属する人全体にあてて出す手紙や文書に	保護者各位 入居者各位
御中	組織または特定の部署あての手紙に	○○株式会社 プレゼント係御中

◆はあらたまった相手・目上の人に、★は親しい相手に出すときに向く表現です。

時候のあいさつ

5月

皐月《さつき》

田植えで苗を植えるころの「早苗月」から

花と緑があふれる季節感を生かして

こどもの日につきものの菖蒲のほか、あやめ、かきつばた、藤、芝桜、バラ、つつじ、スイレン、すずらんなど、5月に見ごろを迎える花がたくさんあります。「昨日は、すがすがしい香りの菖蒲湯を楽しみました」「家のつつじが満開になっています」など、身近な植物を題材にして時候のあいさつにするのもよいでしょう。

漢語調のあいさつ

5月ならいつでも　◆薫風の候　◆新緑の候

◆若葉の候　◆青葉の候　◆万緑の候

初旬向き　◆立夏（6日ごろ）の候　◆惜春の候

下旬向き　◆小満（21日ごろ）の候　◆軽暑の候

母の日の贈り物のお礼

母➡息子の妻

さわやかな季節になりましたね。

美鈴さん、すてきなスカーフをありがとう！　早速えり元のアクセントにして、スポーツクラブへ行ってきました。クラブの友人たちにもほめられましたよ。

智との連名で贈ってくれたけど、センスのいい美鈴さんが選んで手配してくれたこと、ちゃーんとお見通しです。

夏には会えるかな？　楽しみにしています。一筆、お礼のみにて。

Point かた苦しい表現は「嫁姑」の距離感を強調してしまうので、親しみを込めて。

書き出しの文例

◆八十八夜を過ぎ、初夏の訪れを感じるころとなりました。(上旬)
◆新緑が目にあざやかな好季節を迎えました。
◆風薫るさわやかな季節となりました。
◆すがすがしい五月晴れがつづいております。
◆木々を渡る風が、夏の訪れを告げています。
◆日ざしが強まり、夏到来も間近となりましたが……(下旬)
★ゴールデンウイークはご家族そろって楽しくお過ごしだったことと存じます。(6日〜上旬)
★立夏を過ぎてもなお肌寒い毎日がつづいておりますが、○○様にはお元気でお過ごしのことと存じます。(6日ごろ〜中旬)
★青葉が美しいころとなりました。
★過ごしやすい爽快な季節になりましたね。
★昨日は家族でバラ園へ出かけました。

結びの文例

◆向暑の折から、皆様のご健勝をお祈り申し上げます。
★連休明けでご多忙のことと存じますが、お体に気をつけてますますご活躍ください。

MEMO

お礼の言葉の「ていねい度」に注意

相手との関係や用件に応じて、適切な表現を選びましょう。★はていねい度をあらわします。

★ ありがとうございます。
★ いつも感謝しています。
★★ 感謝の気持ちでいっぱいです。
★★ 心より御礼申し上げます。
★★ いつもお心にかけてくださり、ほんとうにありがとうございます。
★★★お礼の言葉も見つかりません。
★★★お心遣いを賜り、感謝の念に堪えません。

◆はあらたまった相手・目上の人に、★は親しい相手に出すときに向く表現です。

時候のあいさつ

6月

水無月《みなづき》
田んぼに「水を引く月(無は「の」の意味)」ほか諸説あり

梅雨を不快なものとする表現は避けて

6月といえば多くの地方では梅雨。ただ、お礼の手紙の冒頭に「梅雨寒の候」「ぐずついた天気がつづいています」「うっとうしい季節になりました」など、マイナスイメージが強い表現はふさわしくありません。梅雨にふれるのであれば「雨上がりの虹の美しさにしばし見とれました」「雨を受けたあじさいが、美しく輝いています」など、雨の日の楽しみを題材にします。

漢語調のあいさつ

◆芒種の候(6日ごろ)の候　◆入梅の候
◆初夏の候　◆深緑の候　◆向暑の候　◆薄暑の候　◆夏至の候(21日ごろ)

結婚祝いへのお礼

本人➡知人

拝啓　深緑の候、ますますご清祥のこととお喜び申し上げます。

　このたびはごていねいにお祝いをお贈りいただき、まことにありがとうございました。新生活のため、有効に使わせていただきます。

　未熟な私どもですが、これから力を合わせ、あたたかい家庭を築いてまいりたいと存じます。これからもご指導のほどよろしくお願いいたします。

敬具

Point　人生の大きな節目ですから、拝啓・敬具を使って礼儀正しい手紙に。

書き出しの文例

◆山の緑が日ごとにその色を濃くしております。
◆麦の穂も色づいてまいりました。
◆雨にぬれる緑が、色あざやかに目にうつるころとなりました。
◆田植えのニュースに、夏間近を感じる季節がやってまいりました。
★衣替えの時期となり、街には夏服の高校生が行きかっています。（上旬）
★くちなしの花の香りがただよう季節となりました。
★アユ釣りのお好きな○○さんにとっては、うれしくも忙しい季節が到来しましたね。
★雨上がりの空に、大きな虹がかかっています。
★梅雨明けもまもなくとなりました。
★早いもので、今年ももう半年が過ぎようとしています。（中〜下旬）

結びの文例

◆蒸し暑い毎日がつづきますが、どうぞご自愛ください。
★もうすぐ梅雨も明けることでしょう。おすこやかにお過ごしください。
★海山のシーズンを心待ちに、まずは御礼まで。

MEMO

結婚に関する手紙には慶事用切手？

左のような慶弔専用の切手がありますが、結婚に関する手紙だからといって、必ずしもこの切手を使わなければならないわけではありません。郵便料金の額の普通切手でもOKですが、明るい色柄の特殊切手を使うのもよいでしょう。

慶事用63円切手

慶事用84円切手

◆はあらたまった相手・目上の人に、★は親しい相手に出すときに向く表現です。

時候のあいさつ

7月

文月《ふみづき》

稲の穂が実る、「穂含(ほふみ)月ほか」諸説あり

相手の居住地の梅雨明けから立秋の前日までが「暑中」

暑中見舞いを出す「暑中」とは、二十四節気の小暑(7日ごろから)と大暑(23日ごろから)の期間です。ただ、相手の住んでいるところが梅雨明けしていない場合は「梅雨明けが待ち遠しいですね」などとして「暑中」とはしないのが一般的です。なお、8月8日ごろが立秋なので、その後は「残暑(見舞い)」となります。

漢語調のあいさつ

7月ならいつでも　◆仲夏の候　◆盛夏の候

上旬向き　◆小暑の候

下旬向き　◆大暑の候

お中元のお礼

本人→知人

梅雨も明け、まぶしい夏空が広がっております。

さて、本日はごていねいなお中元のごあいさつをいただき、まことにありがとうございました。この店のお菓子は、家族全員が大ファンで、うれしく頂戴しております。わが家が甘党であることをご存じの美香さんのお心遣い、さすがと感服いたしました。

また遠からずお目にかかれるのを楽しみに、一筆お礼のみにて。

Point 喜びの表現はなるべく具体的に。

書き出しの文例

◆向暑のみぎり、皆様にはご清祥にお過ごしのことと存じます。（7日ごろまで）
◆暑中お伺い申し上げます。（7日ごろから）
◆梅雨明けの夏空がまぶしい季節を迎えました。
◆いよいよ夏本番を迎えましたが、皆様にはご健勝にお過ごしのこととお喜び申し上げます。
◆まぶしい日ざしに、本格的な夏の到来を実感するこのごろでございますが……
★暑中お見舞い申し上げます。（8日ごろから）
★今年の七夕は、星の舞う夜空が楽しめましたね。（8日〜10日ごろ）
★梅雨明けとともに、連日暑い日がつづいておりますが、お元気でお過ごしのことと存じます。
★お子様がたは夏休みに入るころでしょうか。活発に夏を楽しんでいることと存じます。
★今週末は花火大会、いよいよ夏本番です。

結びの文例

◆暑い毎日がつづきますが、皆様ご体調にはくれぐれもお気をつけください。
★お盆には帰省する予定です。またお目にかかれるのを楽しみにしております。
★夏かぜなどひかないようご自愛くださいね。

MEMO
暑中見舞い用の絵入りはがきをお中元のお礼状に使ってもOK

暑中見舞いは、夏のあいさつを目的とした便りです。厳密には「あいさつ」と「お礼」を兼ねることはできませんが、お中元をいただいたお礼など、日常的な軽い用件なら、「暑中お見舞い（お伺い）申し上げます」と書き出してもかまいません。

郵便局や文具店で販売されている「絵入りはがき」などを用いれば、文章量も少なくてすみ、より気軽に感謝の気持ちを伝えられます。

◆はあらたまった相手・目上の人に、★は親しい相手に出すときに向く表現です。

時候のあいさつ

8月

葉月《はづき》

木々の葉が落ちる「葉落ち月」

涼感を与える表現を心がけて

8日ごろには立秋ですが、まだ暑さが厳しい時期。しかしそのまま「うだるような暑さ」と書いては、相手もゲンナリします。夕涼み、夕立、ひまわり、朝顔、夏まつり、盆踊りなど、涼感をもたらす言葉や、夏らしくにぎやかな情景を感じさせる表現を積極的に使いましょう。

漢語調のあいさつ

立秋(8日ごろ)前　◆暮夏の候　◆晩夏の候
立秋〜処暑(24日ごろ)前　◆残暑の候　◆残炎の候　◆立秋の候
下旬向き　◆秋暑の候　◆向秋の候　◆新涼の候　◆早涼の候

子どもが世話になったお礼

親⬇親戚

残暑お見舞い申し上げます。
　このたびは、子どもたちがすっかりお世話になり、ほんとうにありがとうございました。とれたてのいかの刺身、毎日の海水浴など、こちらではできない貴重な体験をさせていただきました。やんちゃ盛りですので、さぞご迷惑をおかけしたのではないかと恐縮しております。
　気持ちばかりですが、当地の名産をお送りいたします。お口に合えばうれしいのですが。まずは、ひと言お礼まで。

Point　お礼品を送るときは一筆添えて。

書き出しの文例

◆まもなく暦の上では秋を迎えますが……

◆残暑お伺い申し上げます。（立秋のあとに）

◆立秋を過ぎても暑さが残っておりますが、皆様にはおすこやかにお過ごしのことと存じます。

◆暑さもようやく落ち着いてまいったようでございます。（下旬）

★残暑お見舞い申し上げます。（立秋のあとに）

★お盆休みは、お子様がたもご帰省なさり、楽しくもお忙しい毎日だったことでしょう。

★盆踊りの太鼓の音が夏風に乗って聞こえてまいります。（15日前後）

★昨日は、満開のひまわり畑に出かけ、夏のパワーをもらってきました。

★朝夕は過ごしやすくなりましたね。（下旬）

★虫の音が聞こえてくるようになり、秋の気配を感じるころとなりました。（下旬）

結びの文例

◆まだ暑さがつづくようですが、お障りがないことをお祈りしております。

◆夏のお疲れが出ませぬようご自愛ください。

★お子様は、まもなく新学期ですね。充実した毎日になることをお祈りしています。（下旬）

MEMO

宿泊先に手紙や荷物を送るときは「気付」

相手が滞在するホテルあてに手紙を出したい場合に「〇〇ホテル　鈴木大介様」だけでは、従業員とまちがえられたりするおそれもあります。こんなときは、「〇〇ホテル　気付　鈴木大介様」とするのが正しくスマートな方法です。

なお、自分で旅行の宿泊先に前もって荷物を送りたいときは「〇〇ホテル　遠藤清美行（〇月〇日宿泊予定）」と宿泊日を書いておくと、ホテル側が的確に対応できます。

◆はあらたまった相手・目上の人に、★は親しい相手に出すときに向く表現です。

時候のあいさつ

9月

長月《ながつき》

夜が長くなる「夜長月」

残暑の時期に「白露の候」では違和感が

二十四節気では、7日ごろが「白露」。秋の気配が濃くなり、草木に降りた露が白く見えるころ、という意味です。しかし、日本の多くの地域では、9月上旬はまだ残暑が厳しく、「白露」は現在の季節感にはマッチしません。「涼」「秋」「爽」などの文字を使って、秋らしさを表現するとよいでしょう。

漢語調のあいさつ

上～中旬向き　◆新涼の候　◆清涼の候　◆初秋の候　◆新秋の候　◆早秋の候　◆爽秋の候

中～下旬向き　◆秋分の候　◆秋晴の候　◆孟秋の候

お世話になったお礼

本人→先輩

秋の気配がただようころとなりました。

このたびの福岡出張では、ご多忙にもかかわらずお時間をさいていただき、まことにありがとうございました。

田中先輩のご助言のおかげで、充実した得意先訪問となりました。現場で収集した生の声を、今後の販売戦略に生かしてまいる所存です。

今後ともご指導のほどよろしくお願いいたします。とり急ぎ一筆お礼まで。

Point　相手の貴重な時間をさいてもらったことへのお礼を忘れずに。

書き出しの文例

◆すがすがしい秋晴れの空が広がるきょうこのごろですが、皆様おすこやかにお過ごしのことと存じます。
◆残暑もようやくやわらぎ、過ごしやすい日が多くなりました。(上旬)
◆虫の音に、さわやかな秋の訪れを感じます。
◆風に揺れるすすきに、本格的な秋を感じるころとなりました。(中旬)
★秋風が立ち、しのぎやすい気候になりました。(上〜中旬)
★今年の十五夜は、よい月が見られそうですね。(月の前半)
★今年は豊作とのニュースに、都会暮らしでもうれしさを感じます。
★コスモスの花が、秋の風で踊っているように揺れています。

結びの文例

◆季節の変わり目ですので、どうぞくれぐれもご自愛ください。
★さわやかな秋を、存分にお楽しみください。
★夏のお疲れが出ませんようお祈りしています。

MEMO

「すみません」とお礼を述べないこと

恐縮の気持ちを伝えるために「ごちそうになってすみません」「お手数をかけて申しわけありません」と書いてしまうことがあります。しかし「すみません」「申しわけありません」は、おわびのときに用いる表現のため、感謝の気持ちがストレートに伝わりません。「このたびはありがとうございました。お手数をおかけして心苦しく思っております(恐縮しております)」と、まずきちんとお礼を述べてから、恐縮のニュアンスを書き加えるとよいでしょう。

◆はあらたまった相手・目上の人に、★は親しい相手に出すときに向く表現です。

時候のあいさつ

10月

神無月《かんなづき》

「神々が出雲に集結し、各地では留守になる月(神の月とする説も)」

新居に招かれたお礼

本人→知人

秋の澄みきった空が広がっております。

先日は、ご新居にお招きいただき、ありがとうございました。見事なお宅を拝見し、奥様手作りのランチまで頂戴して、たいへん楽しい一日を過ごしました。

センスのよいインテリアに感服し、暮らしを楽しむことのすばらしさをあらためて教えていただいたような気がします。

鈴木様ご一家の新しい環境での生活が、いっそう実りあるものになることをお祈りし、まずはお礼まで申し上げます。

Point 訪問の翌日には投函したいもの。

地域によって季節感が大きく異なる時期

紅葉は、秋を彩る代表的な風景ですが、見ごろを迎える時期は、地域によって大きく違います。北海道や山岳部では10月中旬ごろ最盛期を迎え、その後は雪に包まれることも多いもの。一方、紅葉の名所として知られる京都・嵐山では12月上旬まで紅葉狩りが楽しめます。

4月の桜の時期と同様に、相手の居住地の状況に合わせて表現を選ぶことがたいせつです。

漢語調のあいさつ

10月ならいつでも　◆仲秋の候　◆清秋の候
紅葉の時期なら　◆錦秋(繍)の候　◆紅葉の候
下旬向き　◆霜降の候　◆秋冷の候

書き出しの文例

◆秋晴れの高い空が心地よく広がる季節を迎えましたが、皆様おすこやかにお過ごしのことと存じます。
◆清秋の好季節を迎え、ますますご活躍のこととお喜び申し上げます。
◆実りの秋となり、いっそう充実した毎日をお過ごしのことと存じます。
◆御地では、そろそろ紅葉の便りも聞こえるころかと存じます。
★秋たけなわ、ご家族様で実りの季節を満喫なさっていることと存じます。
★秋空高く、心も晴れ晴れとしますね。
★日ごとに秋の深まりを感じるこのごろでございますが、……（下旬）
★野山の樹々も鮮やかに色づき始めております。（紅葉の時期）

結びの文例

◆朝夕はめっきり冷え込むようになりました。どうぞご自愛ください。
★ご家族様にとりましても、実り多き秋になりますことをお祈りしております。

MEMO

便箋1枚だけの手紙には白紙を添える？

あまりに短い手紙は失礼、あるいは、1枚だけの手紙は「果たし状（決闘を申し込む手紙）」の形式だから不吉、などの理由で、便箋1枚だけの手紙は避けるのがマナーとされています。

1枚だけの短い手紙には、白紙を添えて2枚にするともいわれますが、時節柄「資源のムダ」という印象も免れません。お礼の表現をより具体的にして文字数をふやすなどして、手紙の結びが便箋の2枚目になるよう調整するのが、スマートな方法でしょう。

◆はあらたまった相手・目上の人に、★は親しい相手に出すときに向く表現です。

時候のあいさつ

11月

霜月《しもつき》

霜が降る「霜降月」

冬を迎える凛とした気持ちを前面に

日ごとに寒さがつのる時期です。情景をそのまま描写すると「落葉が散る」「木枯らしが冷たい」「冷え込みが厳しい」など、寂しげな印象になってしまい、お礼状の冒頭の言葉にはふさわしくありません。「冷気で身が引き締まる」など、なるべく明るい表現を選びましょう。

漢語調のあいさつ

11月ならいつでも　◆向寒の候　◆深冷の候

立冬(7日ごろ)の前　◆晩秋の候　◆深秋の候

◆暮秋の候　◆立冬の候

立冬のあと　◆初冬の候　◆小雪(22日ごろ)の候

叙勲褒章祝いへのお礼

本人→知人

謹啓　初冬の候、皆様にはますますご清祥のこととお喜び申し上げます。

先般、思いがけず叙勲の栄に浴しましたところ、ごていねいなお祝いを頂戴し、まことにありがたく存じております。このたびの栄誉はひとえに皆様のご支援の賜物と、心より感謝しております。今後も微力ながら精進を重ねてまいる所存でございますので、変わらぬご指導をよろしくお願い申し上げます。

謹白

Point　儀礼的要素が強いので、謹啓・謹白を使い、格調高い文面にまとめます。

書き出しの文例

◆立冬を過ぎ、冷気に身も心も引き締まるような思いがいたしますが、皆様にはご健勝にお過ごしのことと存じます。

◆秋も深まり、日足も短くなってまいりました。（立冬前）

◆黄葉が美しく風に舞う季節となりました。

◆小春日和のおだやかな日がつづいております。

（注：小春は陰暦10月＝現在の11月ごろ＝の異称で、晩秋から初冬にかけて春のようなあたたかい気候を「小春日和」という）

★近くの公園のいちょう並木が見ごろとなり、黄金色のじゅうたんが敷き詰められています。

★そちらではもうヒーターをお使いなのではないでしょうか。

★各地の山から初冠雪の便りが届くころとなりました。

結びの文例

◆行く秋を惜しみつつ、まずはお礼まで。（上旬）

◆向寒のみぎり、皆様のご健勝を心よりお祈りいたしております。

★来月はもう師走。慌ただしい時期になりますが、おかぜなど召しませんように。

★寒さも本格的になってまいりますので、どうぞくれぐれもご自愛ください。

MEMO

「おかげさまをもちまして」は過剰敬語？

「（あなたの）おかげで」をていねいにするには、①おかげさまで（おかげ→おかげさま）②おかげをもちまして（で→をもちまして）の2つの方法があります。近年は①②を合体し、おかげさまをもちましてという表現も使われます。誤りとまではいえませんが、本来はくどすぎる表現なのです。

◆はあらたまった相手・目上の人に、★は親しい相手に出すときに向く表現です。

時候のあいさつ

12月

師走《しわす》

年末で忙しく「師（僧侶）も走る月」

冬や雪を美しく表現する言葉をマスター

寒さのつのる時期ですが「厳冬」「酷寒」など暗いイメージのあいさつは避け、

・風花（晴天にちらつく雪）
・雪花（雪のひとひらを花にたとえる）
・雪あかり（積雪の反射で周囲が明るく見える）
・冬晴れ／冬日和（冬のおだやかに晴れた日）

など、明るく美しい表現を意識的に使うようにしましょう。

漢語調のあいさつ

12月ならいつでも　◆師走の候　◆歳末の候
◆歳晩の候　◆寒冷の候　◆季冬の候
下旬向き　◆冬至（22日ごろ）の候

お歳暮へのお礼

女性→知人

小雪のちらつくころとなりましたが、ご清祥にお過ごしのことと存じます。

このたびは、ごていねいな年末のごあいさつをいただき、まことにありがとうございました。日ごろからお世話になっておりますのに、過分なお心遣いをいただき、恐縮しております。

本年のご厚情に心より感謝いたしますとともに、明年の山本様のご健勝とご多幸をお祈り申し上げます。

かしこ

Point

文例は170字程度。はがきでのお礼状にちょうどいい文章量です。

書き出しの文例

◆師走に入り、なにかと気ぜわしいころとなりましたが、皆様にはご健勝にお過ごしのことと存じます。(上旬)

◆本年も残すところわずかとなり、ご多忙にお過ごしのことと存じます。(中～下旬)

◆いよいよ年の瀬も押し迫ってまいりました。(下旬)

◆年内も余日少なくなりましたが、……(下旬)

★カレンダーも残り1枚となりました。(上旬)

★街がクリスマスイルミネーションで美しく彩られるころとなりました。(上旬)

★冬晴れの空が気持ちよく広がっております。

★早いもので、今年も余日わずかとなりました。

★まもなくお正月休み。お子様がたも帰省なさることでしょうね。

★お正月の準備にお忙しいころと存じます。

結びの文例

◆年末年始を控え、おかぜなど召しませぬようご自愛ください。

◆本年中はいろいろお世話になりました。明年もどうぞよろしくお願い申し上げます。

★皆様おすこやかによいお年をお迎えください。

MEMO

いただき物が口に合わないときのお礼

贈り物は、受けとった時点でその役目の大半を果たしているといえます。たとえ自分の好きな味ではなくても「ありがとうございます。おいしく頂戴します」とお礼状を書き、品物はどなたかにさし上げるのが無難な方法です。

ただ、相手と親しいなら「好物なのだがお医者さんに止められている」「最近、体質が変わったみたいで」など自分の気持ちとは別の理由を説明してやんわりと断る方法もあります。

◆はあらたまった相手・目上の人に、★は親しい相手に出すときに向く表現です。

あいさつのきまり文句をじょうずに使いましょう

目上の人への安否のあいさつは疑問形にしない

　手紙の冒頭のあいさつは、
①時候のあいさつ（32〜55ページ参照）
②安否のあいさつ（相手の健康状態など）
③お礼のあいさつ（お礼状では主文にすることもある）の3つをつづけて書きます。

　安否のあいさつは、「お元気ですか？」と尋ねるのではなく「お元気でお過ごしのことと存じます」と、相手の健康を確信する表現にするのが基本です。ただし、親しい人には「いかがお過ごしでしょうか？」など問いかけるように書いてもかまいません。

時候のあいさつのあとに 安否のあいさつ					
プライベート	○○様には ○○様におかれましては ご家族の皆様には	ますます いよいよ	ご清祥 ご健勝 ご活躍	のことと	存じます。 お喜び申し上げます。
ビジネス	貴社 ○○様には	ますます いよいよ	ご隆盛 ご盛栄		

お礼のあいさつ			
プライベート	このたびは 先日は	たいへんけっこうな品をいただき ごていねいなお心遣いをいただき 格別のお力添えをいただき	まことにありがとうございます。 心より御礼を申し上げます。 深く感謝いたしております。
プライベート	いつも	お心にかけていただき	
ビジネス	平素は	格別のご高配を賜り	

結びのあいさつ					
今後につなげるあいさつ	プライベート	また近いうちに	お目にかかれることを お会いできるのを ごいっしょできることを		楽しみにしております。 心待ちにしております。
今後につなげるあいさつ	ビジネス	今後とも これからも	いっそうの 変わらぬ	ご指導 お力添え ご厚情 をよろしく	お願い申し上げます。 お願いいたします。
用件をまとめるあいさつ	プライベート ビジネス	まずはお礼まで。 まずはとり急ぎ御礼を申し上げます。 略儀ながら書中をもちまして御礼申し上げます。			

お礼の金品を贈るときののしと表書き

お祝いへのお礼は「内祝」として贈る

内祝とは、自分の家の祝いごとに対して祝意をあらわす品のことで、本来は「お礼」「お返し」という意味ではありません。しかし、お礼に品物を贈るときの表書きは「内祝」とします。

「結婚内祝」「新築内祝」など4文字の表書きは、「4→死」を連想させると嫌う人もいます。単に「内祝」でなく目的を付記するときは「○○之」と小さく添えるとよいでしょう(例B)。

黄白の水引は、西日本で主に用いる弔事用

内祝などの慶事には赤白の水引を使います。慶事は何度あってもよいので、結び直せる「蝶結び」にします。ただし、結婚や病気など、繰り返したくないことは「結びきり」にします。

一方、弔事には一般的に黒白の水引を用います。ただ、京都の文化が伝わる地域では「宮中で使われる紅白の水引が黒白に見える」ことから使用を避け、黄白の水引が主に使われます。

A 結婚祝いへのお礼
挙式当日までは2つの姓を併記するのが一般的。

B 出産祝いへのお礼
子どもの下の名前だけ書く。必要ならふりがなも。

C 入園(入学・進学)祝いへのお礼
結婚と出産以外は、姓だけ記せばOK。

目的	のし	水引	表書き	書き方例
結婚祝いへのお礼	あり	赤白結びきり	結婚之内祝／内祝	A
出産祝いへのお礼			出産之内祝／内祝	B
入園・入学・進学祝いへのお礼			入園之内祝／内祝	C
新築・開店・開業祝いへのお礼	あり	赤白蝶結び	新築之内祝／内祝	
その他のお祝いへのお礼			○○之内祝／内祝	
お世話になったお礼			御礼／謝礼／謹謝（目上へ）／寸志（目下へ）	D
病気見舞いへのお礼（退院・全快）			快気（之）内祝	E
病気見舞いへのお礼（療養）	あり	赤白結びきり	御見舞御礼	
病気見舞いへのお礼（死亡）	なし	黒白（黄白）結びきり	御見舞御礼／生前見舞志	
災害見舞いへのお礼 ※基本的には不要	なし	なし（奉書紙など）	御礼	
香典へのお礼（香典返し）	なし	黒白（黄白）結びきり	【仏式】志（東日本）／満中陰志（西日本）【神式】志／偲草（しのびぐさ）／五十日祭偲草【キリスト教式】志／追悼会偲草	F

D お世話になったお礼
「御礼」のほか、相手により「謹謝」「寸志」も。

E お見舞いへのお礼（全快したとき）
病人・けが人の状態によって表書きを変える。

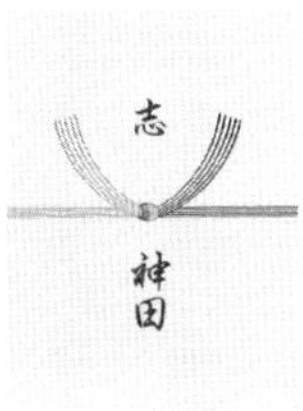

F 香典へのお礼（香典返し）
「志」の表書きは宗教を問わずに使える。

お礼の品の送り状を兼ねるとき

添え状を別送するときはタイミングに注意

品物とは別に「ささやかな品を別便にてお送りしましたのでご笑納ください」などと手紙を出す場合は、添え状(送り状)の翌日あたりに品物が到着するタイミングがベストです。品物が先に届くと相手が不審に思うことがありますし、手紙は来たがその後何日も品物が到着しないというのでは、間が悪いからです。具体的には、手紙の届く日を予想してから、品物の到着日指定を行うとよいでしょう。

品物に手紙を同梱するときは封をしない

品物と手紙は別に送るのが正式とされていますが、デパートなどから送るのであれば、手紙を品物といっしょに送ってもらう方法をとってもよいでしょう。ただし、郵便法で「宅配便(ゆうパックを含む)で信書(書状)を送ってはいけないが、品物に添付する無封の送り状はＯＫ」とされているため、封をせずに持参します。

PART 2

お中元・お歳暮・贈り物へのお礼

品物をいただいたときのお礼は「届きました」「ありがとう」の2つのメッセージを伝えるのが目的です。

場合によっては「届きました」を電話かメールで、「ありがとう」を手紙で、と別の手段を使うことで、こまやかに感謝の気持ちを届けることができます。

贈り物へのお礼のマナー

お中元・お歳暮には基本的に返礼品は不要

お中元・お歳暮は、日ごろお世話になっているかたへ、感謝の気持ちを込めて季節のごあいさつをするのが目的です。いただいた側は、基本的にお礼状を出すだけでよいのですが、相手との関係によっては、こちらからも品物を贈ることがあります。

▼贈り主が自分より立場が下なら返礼品は不要

子ども、部下、協力会社、習い事の教え子などからの贈答品の場合は、お礼状などで感謝の気持ちを伝えるだけでOKです。

▼贈り主と同等なら互いに贈り合うことも

きょうだい、親戚、取引先、夫と妻の実家の親どうし、友人どうしなど、相手と上下関係がないときは、お互いに土地の名産品などを贈り合うケースもあります。

▼目上の人からいただいた場合は返礼品を

「相手の子どもの就職の世話をした」などの事情なら、目上の人から贈られるケースもあります。この場合は、返礼品を贈るのが無難です。

▼辞退の意思表示のために同額程度の品を返す

公務員や教職員など、立場上受けとれない場合は、お礼状(断り状)とともに、いただいた品物をそのまま返します(文例は75ページ)。しかし、プライベートで贈られたお中元・お歳暮を辞退したいときは、相手からの品物は受けとったうえで、お礼状(断り状)とともに同額程度の品を返すこともあります(文例は74ページ)。

贈り物に対してすぐお返しをするのは無粋

旅行のおみやげや、相手の土地の名産品などを思いがけずいただくことも多いものです。これらの贈り物は、相手の純粋な好意にもとづくものですから、お礼状といっしょに別の品物をお返ししては、相手の好意を無にすることになりかねません。まずは相手の気持ちに対するお礼を述べるだけにとどめましょう。

「いただきっぱなしにはできない」という気持ちが強いときも、しばらく時間をおいてから。「あなたに似合いそうなものを見つけたので」「○○に旅行したので」などと、お返しに相当する品をさりげなく贈るのがスマートです。

生鮮食料品の場合はまず電話などでお礼を

冷凍品や果物など鮮度が重要な品を贈った人は「きちんと受けとってもらえたか」「いい状態で届いたか」などを気にしているものです。ですから、受けとったらすぐに電話やメールで「無事到着」の報告とお礼をしましょう。

親戚や友人など親しい人には、電話をしたらお礼状は省いてもかまいませんが、目上の人には、後日あらためてお礼状を出します。

お礼状ははがきでOK。なるべく早く出すことがたいせつ

お中元・お歳暮のお礼状を封書にするのは、やや大げさ。相手がすぐ読め、出す側も気軽に書けるはがきが適しています。できれば、受けとった当日または翌日には投函しましょう。

立場上、贈り物が多い人は、オールマイティに使えるひな型(文例は64ページ)を作っておき、相手に応じて微調整を加えながら仕上げる方法をとれば、効率的にお礼状を作成できます。

お中元(お歳暮)へのお礼状の基本ひな型

構成要素をチェックしながら過不足ないお礼状を書きましょう

前文　主文

❶拝啓　❷盛夏(師走)の候となりましたが、❸お変わりなくお過ごしのことと存じます。❹日ごろはなにかとお世話になり、あらためて御礼を申し上げます。

❺さて、❻このたびはごていねいなお中元(歳暮)の品を

【前文】

❶ 頭語と結語
「拝啓」「敬具」が適しています。はがきは略式の手段なので、「謹啓」「謹白」などの組み合わせはフォーマルすぎます。

❷ 時候のあいさつ
お中元・お歳暮は季節のあいさつを兼ねたものなので、お礼状にも必須です。

❸ 安否のあいさつ
相手が無事であることを喜ぶあいさつです。親しい相手には、相手について書いたあとで「私もおかげさまで元気に過ごしております」など、自分のことを書き添えてもよいでしょう。

❹ 感謝のあいさつ
日ごろお世話になっているお礼を述べます。

【主文】

❺ 起こし言葉
主文に入るときは「さて」で始めます。

末文

ご恵贈いただき、まことにありがとうございました。いつも私どもがお世話になっておりますのに、❼過分なお心遣いをいただき、恐縮しております。

❽ますます暑さ（寒さ）に向かいます折から、皆様のご健勝をお祈り申し上げます。

❾まずはとり急ぎ書中をもって御礼申し上げます。

❶敬具

【末文】

❽ 相手の健康を祈る言葉
お中元であれば、暑さの中での相手の体調を気遣う言葉、お歳暮であれば翌年の相手の健康や幸福を祈る言葉で結びます。

❾ 用件をまとめる言葉
用件をまとめる一文を添えると、文面全体が引き締まります。

❼ 相手の心遣いへのお礼
品物だけでなく、季節のあいさつを行ってくれた相手への感謝の言葉も忘れずに。

❻ お中元（歳暮）へのお礼
プライベートなら、品物についての具体的な感想も書くと、相手に喜ばれます。

お中元・お歳暮へのお礼

お中元へのお礼

本人→親戚

空に入道雲がわき、夏本番を迎えました。

ご家族の皆様には、おすこやかにお過ごしのこととお喜び申し上げます。こちらも、家族一同、♣つつがなく暮らしております。

さて、本日見事な桃が届きました。ほんとうにありがとうございます。叔母様から毎年送っていただく桃を、子どもたちもたいへん楽しみにしており、恐縮しつつも大喜びしております。

○○県の桃は、遠く離れて暮らす私どもにとって大きな誇りです。大きな桃に皮ごとかぶりつき、果汁をしたたらせた幼いころの味が急によみがえりました。桃は私にとって故郷の象徴でもあります。

今年の夏は、例年にもまして猛暑との予報です。どうぞお体をたいせつになさってくださいませ。

まずはとり急ぎ、到着のご報告と御礼を申し上げます。

かしこ

Point

❶ 親戚など親しい間柄の人へは、頭語を省いて書き始めても。

❷ 毎年、同じものが送られてくるときは、恐縮しつつも心待ちにしている気持ちを伝える。

❸ 贈られた品物にまつわるエピソードなどを添えるのもよい。

♣応用 **自分たちが元気であることを表現するとき**

「つつが（恙）なく」は、「病気をせず無事に」という意味。話し言葉の「無事に」「元気に」よりも手紙向きの表現になります。目上の人に対しては、「息災《そくさい》に過ごしております」「つつがなく消光《しょうこう》（暮らすこと）しております」などの言い回しも使います。

お歳暮へのお礼

本人↓仕事関係者

拝啓　師走に入り、なにかと気ぜわしい毎日がつづきますが、♥貴社におかれましては、ますますご隆盛のこととお喜び申し上げます。平素は格別のご高配を賜り、厚く御礼を申し上げます。

さて、このたびは結構なお歳暮の品をご恵贈賜り、まことにありがとうございました。

♣ご厚志のほど謹んで拝受し、お心遣いにあらためて御礼を申し上げます。

貴社いっそうのご発展と、皆様のご健勝をお祈り申し上げますとともに、明年も変わらぬご厚誼のほど、どうぞよろしくお願い申し上げます。

まずは略儀ながら書中をもちまして御礼を申し上げます。

敬具

（はがきに印刷する場合は、通信面に社名、役職名、差出人名、所在地なども入力する）

Poi

❶仕事上の関係者へは、お礼状もビジネス文書の体裁で。
❷相手を選ばずに送れる、オールマイティなひな型文例。
❸特定の個人でなく、会社全体の繁栄を祈る表現を主体に。

♥マナー
企業名で贈られる儀礼上の贈答の場合
法人の代表者名義の贈答品は、組織として行う儀礼的なものです。贈り主と面識がない場合は、お礼状が必要ない場合もあるので上司に相談を。

♣応用
親密な相手に対してはあまりかた苦しくせずに
親しい相手なら「いつもお心にかけていただき、お気遣いに感謝しております」などや平易な表現にするほうが、気持ちが伝わります。

お中元・お歳暮　いただいた品物別のお礼表現

【お中元】

夏向きの食品

▼涼やかな味わいに、暑さをひととき忘れる思いでした。

▼家族全員の大好物で、早速冷やしていただきました。

▼暑さに向かう季節に、なによりうれしい品でした。

▼このところの暑さで食欲がなかったのですが、のどごしのよさで、おいしくいただけました。

▼さわやかな口当たりは、何物にもかえられません。

▼さっそく暑気払いをさせていただきました。

▼わが家では、休日の昼はそうめんが定番。なぜご存じだったのだろうと思いながら、うれしく頂戴しております。

夏向きの日用品

▼夏にふさわしい涼しげな色合いで、すっかり「お気に入り」になりました。

▼さわやかな風合いで、気持ちも洗われるようです。

【お中元・お歳暮共通】

土地の名産品

▼さすが、〇〇の品は一味も二味も違います。

▼当地ではとうてい入手できない逸品に舌鼓を打ちました。

【お歳暮】

冬向きの食品

▼いただいた○○は、今晩、早速なべにして楽しませていただきます。冬の夜、一年を振り返りながらのあたたかいなべで幸せな気分になれそうです。

▼寒い季節ならではの味覚を、家族一同で堪能させていただきました。

お正月向きの食品

▼年越しの食卓で楽しませていただくことにいたします。

▼お正月には、やはり御地の○○がないと物足りません。

▼お正月の祝い膳がはなやぎそうです。

▼来客の多い時節にはたいへんありがたい品で、お心遣いに感謝いたしております。

▼今年は水揚げが少ないとのニュースを耳にしていただけに、うれしさひとしおです。

▼人気があって、なかなか手に入れることのできない品と伺っています。

お菓子

▼甘党の私どもには、ほんとうにうれしい贈り物でした。

▼こちらのお菓子は、いままで食べたことがありませんでした。ほどよい甘さが、たいへん上品ですね。

日用品

▼小さな子どものいるわが家にはなによりの品で、早速使わせていただいております。

▼さすが○○様のセレクトだけあって、センスのいい色合いですね。

妻が代筆するときのお歳暮へのお礼状

本人↓夫の仕事関係者

拝啓　本年も残すところあとわずかとなりましたが、田中様にはご清祥にお過ごしのこととお喜び申し上げます。

田中様には、日ごろから、♣ひとかたならぬお世話になっておりますのに、このたびは、ごていねいなお歳暮の品をご恵贈いただき、まことにありがとうございます。育ち盛りの子どもがおりますわが家にとりましては、なによりの品で、子どもたちもたいへん喜んでおりました。こまやかなお心遣いに深く感謝いたしております。

本年のご芳情に心より御礼を申し上げますとともに、明年の田中様のいよいよのご健勝とご発展をお祈りいたしております。

まずは略儀ではございますが、書中をもちまして御礼を申し上げます。

敬具

十二月十五日

小池　祥平

♥代

田中正弘様

Point

❶ 書き手（妻）が相手と面識がない場合に向く文例。

❷ 本人（夫）になり代わって書くときは、自分（妻）の感想などにはふれない。

❸ 相手と面識がある場合も、なれなれしくせず節度を保って。

♣応用 **夫と妻、どちらの立場で書くかにより表現を調整**

妻が代筆する場合、文例のように夫の立場で書く方法と、妻の立場で書く方法（文例は24ページ）があります。妻の立場なら「主人（夫）がひとかたならぬお世話に……」という表現になります。

♥マナー **代筆の「代」または家内の「内」を添える**

「内」は、妻が夫の代筆をする場合にだけ使います。

妻が書き、夫婦連名で出すお礼状

妻→親戚

夏も盛りを迎えましたが、ご家族の皆様にはおすこやかにお過ごしのことと存じます。私どもも、おかげさままで元気にしております。

さて、♣今年も見事なメロンをお贈りいただき、ありがとうございました。箱に描かれたメロンの絵を見ただけで、子どもたちからは大歓声が上がりました。

いつもながら、うっとりと目を閉じたくなるような甘みで、さすが○○メロンならではの味わいを堪能させていただきました。いただき物を心待ちにするとは、まことに図々しい限りですが、毎年欠かさずお心にかけてくださり、ほんとうにありがたいことと思っております。

今年のお盆休みは、幸弘さんの仕事の関係で帰省できませんが、年末にはぜひ伺いたいと思っております。

暑さ厳しき折ではございますが、どうぞ皆様、夏かぜなどお召しになりませんよう、ご自愛くださいませ。

まずはお礼のみにて失礼いたします。

かしこ

Point

❶相手と家族ぐるみのおつきあいがあるなら差出人は連名に。

❷子どもの喜ぶようすを書き添えると、文面が明るくなる。

❸帰省の予定などにもふれ、今後につなげる便りに。

♣応用

毎年同じ品が贈られるときのお礼

▼今年の出来は、ことのほかすばらしいようで、芳潤な味わいを楽しませていただいております。

※「芳醇」は主にお酒に使う表現で、果実などには「芳潤」または「豊潤」を使います。

▼正直に申しますと、毎年この時期になると、そろそろかなとワクワクしてしまいます。

▼この品が到着すると、夏が来たことを実感いたします。

お中元・お歳暮を辞退するときのお礼

今回は受けとるが、今後は辞退するときのお礼状

本人↓新入社員

拝復　梅雨明けの日ざしがまぶしい季節を迎えました。

このたびは、お中元のお心遣いをいただき、感謝しています。と同時に、きちんと説明をしていなかった当方の不手際を悔やんでいます。

実は、当社では、社員どうしの贈答は行わないことになっておりま す。それを知らなかった木村君に非はありませんが、♥本来であれば返送すべきところです。せっかくのご好意を無にするのも申しわけなく、今回に限り、受領させていただきましたが、今後このようなことは決してしてしないようお願いします。

木村君のフレッシュで柔軟な意見や、エネルギッシュな行動力には、大いに期待しています。

本格的な夏になり、仕事もいっそう忙しくなりますが、体調に留意して業務にあたってください。まずは一筆ご連絡まで。

敬具

Point

❶ 辞退の意を伝えるときは、品物をたたえる言葉を書かない。

❷ 相手の好意・気遣いへのお礼を主体とした文面にする。

❸ 次回からは受けとらない旨をはっきり伝えること。

♥マナー **社員間の贈答はルールを確認してから対応を**

組織のきまりによって、贈られた側の対応も違います。

Aルールとして禁止
↓断り状とともに返送する

B暗黙の了解で行わない
↓返送、または次回から辞退

C行うことが容認されている
↓受領してお礼を述べる

必要に応じて上司などに確認して対応しましょう。

いままでは受けとったが、今後は辞退したいとき

本人↓就職の世話をした知人

拝啓　霜寒のみぎりとなりましたが、ご清栄にお過ごしのごようす、なによりのことと存じます。

本日は、ごていねいなお歳暮の品をお送りいただき、ありがとうございました。日ごろ、何もお役に立てずにおりますのに、いつもお心にかけていただき、恐縮しております。

ご入社なさって三年がたとうとしていますね。♣いままでは、期待の若き戦力としてご活躍と聞き及んでおります。もともと実力のあるかたですから当然のこととはいえ、私としても実に頼もしく感じております。

社会人として、自分の足で着実に進んでいることを、誇りに思ってください。今後は、ご自身をいっそう磨くことを優先させ、どうか当方へのお気遣いはなさいませんように。

いままでのお気持ち、ほんとうにありがたく思っております。

池田さんのますますのご発展を心よりお祈りして、お礼かたがたお願い申し上げます。

敬具

Poi

❶就職の世話をした、結婚の仲人をした相手からの贈答には、3年程度たったら自分から辞退を申し入れる。

❷「もう一人前だから、贈答はお気遣いなく」とソフトに。

❸辞退後も贈られる場合は、返礼品を送って断るか、そのまま受けとるか、選択する。

♣応用　**仲人をした夫婦に辞退の意向を伝えるとき**

▼お二人で力を合わせ、しっかりとした家庭を築いていらっしゃることをうれしく存じます。

▼ごていねいなご配慮をいただくことはありがたいのですが、このようなお気遣いもそろそろ卒業の時期を迎えているのではないかと存じます。

辞退の意を伝え、返礼品を送るとき

妻↓夫の知人

年の瀬も押し迫ってまいりましたが、ご清祥にお過ごしのごよう
す、なによりのことと存じます。
さて、このたび、ごていねいなお歳暮の品を拝受いたしました。日
ごろより、当方がお世話になるばかりで、三浦様からこのようなお心
遣いをいただくとは考えてもおりませんでしたので、心苦しく存じ
ております。
お気持ちは、まことにありがたく存じますが、♣今後は季節のごあ
いさつは無用にしていただきたく、なにとぞよろしくお願い申し上
げます。主人からも厳しく言われておりますので、どうかご理解くだ
さいませ。
ご厚情への御礼のしるしに、ささやかな品を別便にてお送り申し
上げました。ご受納くださいますようお願い申し上げます。
年末で、ご多忙の折とは存じますが、皆様どうぞご自愛のうえ、よ
いお年をお迎えください。
まずは書中にて御礼申し上げます。

かしこ

Point

❶ 返送するほど強い姿勢をとりたくないときに向く方法。

❷ 妻が代筆するときは、夫の意向も書き添えて意思を強調。

❸ 返礼品ののしは「お歳暮(中元)」ではなく「御礼」に。

♣応用 **今回は受けとるが次回は辞退するときの言い回し**

▼お返しするのも失礼と存じまして、今回は受納いたしますが、今後はこのようなお気遣いをなさいませんようお願いいたします。

▼本来ならばご返送申し上げるところですが、このたびはご芳情のしるしとして受けとらせていただきます。

▼今後は固くご辞退申し上げますので、よろしくご了承ください。

品物を受けとらずに返送するとき

本人↓取引先

拝啓　師走の候となり、あわただしい毎日がつづいておりますが、ご清祥にお過ごしのことと存じます。

さて、このたびは過分なお心遣いをいただき、恐縮しております。お気持ちには感謝しており、たいへん心苦しいのですが、♣弊社では取引先様からのご贈答は一律に辞退させていただいております。

お贈りいただきました品につきましては、ご厚情のみ頂戴いたしまして、まことに失礼ながら別便にて返送させていただきましたので、ご受納くださいますようお願い申し上げます。はなはだ手前勝手なことではございますが、規則上やむをえないこととご理解賜れば幸いに存じます。

貴社の皆様には、本年中たいへんお世話になり、あらためて御礼を申し上げます。明年も変わらぬご支援ご厚誼のほどをよろしくお願いいたします。

まずは書中をもちましてお礼かたがたおわび申し上げます。

敬具

Poi

❶ 返送はかなり厳しい対応なので受けとれない理由を明確に。

❷「これからもおつきあいを」と今後につなげる表現で結ぶ。

❸「お礼かたがたおわび」と用件をまとめるとソフトな印象。

♣ 応用

贈答品を受けとれない理由

▼立場上、ご家庭からの贈答品は受けとれないことになっております。（教員など）

▼服務規程によりまして、利害関係者様からの贈答が禁止されておりますので、ご理解いただければと存じます。（公務員など）

▼規則で定められていることですので、失礼とは存じますがご了承ください。（ソフトに伝えたいとき）

贈り物・プレゼントをいただいたお礼

名産品を送っていただいたお礼

本人↓友人

懐かしい文字のお便りとともに、見事な毛がにが届きました。ありがとうございます！　冷凍品ではないので、とご心配だったようですが、ご指定の時間どおりに、たいへんよい状態で到着しました。梱包もていねいでしたよ。さすが、彩美さんのお眼鏡にかなったお店ですね。

アドバイスにしたがって下処理をして、今晩、家族といただく予定です。到着予定が前もってわかっていたので、実は、夫と子どもにはすでに予告ずみ。もちろん皆大喜びで、夫など「きょうは絶対に残業をしないで帰ってくるよ！」と高らかに宣言して出社しました。毛がにさんは、家庭円満にも一役買ってくれているようです。

いずれ、こちらの名産の果物が旬を迎えましたら、少々お送りしたいと考えておりますが、きょうのところはお礼のみにて失礼いたします。また、近いうちにお目にかかれるのを楽しみに！

Point

❶ 親しい人へは実際に話しかけるような調子で書いてもよい。

❷ 時候のあいさつなどを省き、お礼の言葉から始める方法も。

❸ 好意の贈り物に対しては、すぐに返礼品を送る必要はない。

★注意点　**「！」「？」は親しい間柄の人だけに**

手紙やビジネスメールには、「！」「？」を使わないのが原則です。もともとは英文用の記号であり、正式な日本語文には用いないことになっているからです。親しい人には「ありがとう！」などと書いてもよいのですが、多用すると文面に落ち着きがなくなるのでほどほどにしましょう。

おみやげへのお礼

本人↓仕事関係者

拝啓　早秋の候となりましたが、貴社いよいよご隆盛のこととお喜び申し上げます。

さて、このたびは、見た目も美しいチョコレートをご恵贈いただき、まことにありがとうございます。田村課長が、工場視察のためにヨーロッパにご出張なさっていることは伺っておりましたが、♣当方にまでごていねいなお心遣いをいただき、恐縮しております。

さっそく、休憩時間に課内で頂戴いたしました。スイーツにくわしいメンバーによれば、★日本では入手できない逸品とのことで、ちょっとした争奪戦が繰り広げられました。課長の情報のアンテナの広さ、高さには、ただ感服する次第です。

近日中に、欧州市場の動向についてなどのお話を拝聴し、勉強させていただきたく存じますので、その節はどうぞよろしくお願い申し上げます。

帰国直後でご多忙とは存じますが、どうぞご自愛ください。

まずはとり急ぎ、書中にて御礼を申し上げます。

敬具

Poi

❶ ふだんからおつきあいがあるなら「拝啓」「敬具」を省き、メールでお礼を述べても。
❷ 逸品を選んでくれた相手の気遣いへのお礼を忘れずに。
❸ 「出張の成果も伺いたい」と今後につなげる表現で結ぶ。

♣ 応用 **相手の気遣いへのお礼表現**

▼お忙しいご出張中にもかかわらず、ご高配を賜り……

▼ご出張先でも、当方のことをお心にかけていただき、心より感謝申し上げます。

★ 注意点 **「珍しいお菓子」はほめ言葉ではない**

「珍しい」「見慣れない」「変わった」ではなく「貴重な」「めったに入手できない」などプラス方向の表現を心がけます。

生鮮食料品をいただいたお礼（到着日に電話ずみ）

本人➡知人

このたびは、御地名産のふぐちりセットをお贈りいただき、あらためてありがとうございました。とり急ぎお電話でお伝えしましたように、ご指定のとおり無事に到着し、当日の夜に家族で楽しませていただきました。♣ふだんは家に寄りつかない息子も、めったに口にできない本場のふぐの魅力には抗えなかったのか顔を見せ、久々に一家そろってなべを囲む一夜となりました。

ちりなべは、淡泊な中にも奥深い滋味があり、特別な味わいでした。そして、よいおだしが出たおなべで作った締めのぞうすいがまた絶品で、思わず目を閉じて笑っていました。

ふぐは「福」に通じる、とパンフレットに書かれていましたが、その通りですね。わが家に福をもたらしてくれたお心遣いに、ただただ感謝しております。

今年は暖冬との予報ではありますが、おかぜなど召しませんよう、くれぐれもご自愛ください。そちらのご家族様にもどうぞよろしくお伝えくださいますように。まずは書中にて御礼申し上げます。

Point

❶ 生鮮食料品を贈られたときはまず電話で無事到着の報告を。

❷ 贈られた品の感想を主体にして、後日お礼状を出すとよりていねい。

❸ 味のことだけでなく、食べたときのようすなども書くと、いきいきとした文面になる。

♣ 応用 **家族が喜んだようすを表現**

▼外食や旅行がままならない老親がおりますため、自宅にいながらにして本場の味を楽しめるように、というお心遣いが心にしみました。

▼自宅でこのように本格的な味が楽しめるとは、うれしい驚きでした。

▼近所に住む娘夫婦にもお福分けさせていただきました。

手作り品をいただいたお礼

本人→親戚

桃の節句も過ぎ、日に日に暖かくなってまいりました。

ご家族の皆様にはお元気のことと存じます。

今年も、春の味覚、いかなごのくぎ煮が届きました。♣私どものためにいつもお手間をかけてくださり、ほんとうにありがとうございます。

いかなごは、懐かしい故郷の味で、家族全員の大好物でもあります。こちらでも、びん詰めになっている品を見かけると買ってみたりもするのですが、伯母様のくぎ煮の味を覚えてしまうと、市販品ではまるで物足りません。それに、送っていただくくぎ煮は、完全無添加無着色ですものね。子どもたちにも安心して食べさせることができるので、ほんとうにうれしく思っています。

これもひとえに幸子伯母様のおかげと、感謝感激です。

健一伯父様にも、どうぞよろしくお伝えください。季節の変わり目ですので、くれぐれもお体をたいせつになさってくださいませ。

まずは、一筆お礼のみにて失礼いたします。

かしこ

Poi

❶ 市販品にくらべてすぐれている点を具体的に書く。
❷ 相手が「贈ってよかった」と思えるように喜びをあらわす。
❸ 親戚あての手紙は「ご家族によろしく」の伝言を添えて。

♣ 応用 **手作り品へのお礼表現**

▼釣りたての魚で作った新鮮な干物だけあって、かみしめると、口の中いっぱいに海の香りが広がりました。
▼たいへんなお手間がかかるでしょうに、当方にまでお届けいただき、恐縮しています。
▼手作りのぬくもりが感じられる、すてきな作品ですね。
▼わが家のインテリアにもぴったりで、さっそくリビングに飾らせていただきました。

謝礼品(商品券)をいただいたお礼

本人↓知人

拝復　紅葉の美しい季節となりました。皆様にはお元気でお過ごしのこととお喜び申し上げます。

さて、このたびはご子息様のご就職内定、まことにおめでとうございます。

三浦様からご相談を受け、人事の担当者に話はしたものの、内定を得たのはあくまでもご子息様の実力によるものです。たいしたお力にもなれず、心苦しく思っておりましたのに、このようなごていねいなごあいさつをいただき、恐縮しております。

過分なご芳志につき当惑しておりますが、せっかくのお気持ちですので、★今回はありがたく納めさせていただきます。今後も当方でお力になれることがございましたら、なんなりとご連絡ください。

ご子息様の社会人としての新生活が、実りあるものになることを心よりお祈りいたします。

略儀ではございますが、まずは書中をもちまして御礼を申し上げます。

敬　具

Point

❶ 謝礼の授受については、規程に反していないか確認する。
❷「たいしたこともしていないのに」という謙遜を主体に。
❸ 世話をした相手の今後の活躍を祈る言葉で結ぶ。

★注意点　**謝礼の金品をいただいたとき**

お祝いに商品券や現金をいただいたときは、「有効に使わせていただきます」「○○を購入しました」などと使いみちを伝えることがありますが、謝礼の場合は不要です。また、品物をいただいた場合は、具体的な感想を書き添えるのが原則ですが、謝礼品の場合には、相手の心遣いへの感謝と恐縮の気持ちを伝えるにとどめるのが自然です。

転勤・栄転でお餞別をいただいたお礼

本人↓仕事関係者・知人

拝啓　陽春の候となりましたが、皆様にはいよいよご清祥のことと
お喜び申し上げます。　さて、私こと
このたび〇〇支店勤務を命ぜられ、過日着任いたしました。本社在勤
中は公私にわたりたいへんお世話になりまして、あらためて御礼を
申し上げます。◆また、その節はごていねいなお心遣いをいただき、
深く感謝しております。
新任地におきましても、微力ではありますが業務に精励する所存
でございます。どうか今後ともいっそうのご指導のほどをよろしく
お願い申し上げます。
まずは、書中をもちまして御礼のごあいさつといたします。

敬具

令和〇年四月

（転任先の組織名と所在地）
（転居先の自宅住所）

（差出人名）

Poi

❶基本的な転勤あいさつ状の形式をアレンジするのが簡便。
❷いままでのお礼と、今後の支援・指導のお願いを中心に。
❸「さて、私こと」は謙譲をあらわすため行末に小さな文字で。

◆なるほどMEMO **お礼のメッセージだけを手書きで添えてもOK**

転勤のあいさつ状は、はがきに印刷するのが一般的です。傍線部分を省いてオールマイティに使える文面にととのえ、餞別の金品をいただいたかたへは、手書きで「その節はごていねいなお心遣いをいただきありがとうございました」「転任にあたりましては過分なご芳志を賜り心より御礼申し上げます」などのメッセージを添えてもよいでしょう。

母のプレゼントのお礼

本人⬇息子夫婦

今年も、心のこもったプレゼントをどうもありがとう。

毎年欠かさずに届けられる、二人のやさしい気持ちのおかげで、「母の日」は私にとって、一年のうちでいちばんの幸せを感じる日になりました。誕生日がうれしいという年齢でもありませんしね。

いただいたお財布ポシェット、ほんとうにほしかったものです！売り場で見かけていいなぁと思っても、「若い人向きかしら」と悩んであきらめていたの。♣そういうものをタイミングよくプレゼントされるのって、格別にうれしいものですね。お金やカードのほかに携帯なども入るから、どこへ行くにもコレさえ持っていれば安心。「忘れ物名人」の私にとっては、最高の贈り物でした。

いつも、まどかさんがいろいろと気を配ってくれて、ほんとうにありがたいことだと思っています。

こちらは変わらず元気にしています。先週、夫婦で人間ドックに行ってきましたが、おかげさまでどこも異常なしでしたのでご安心ください。夏休みには、遊びに来てくださいね。待ってます。

母

Point

❶ 子ども夫婦に対しては、実子の配偶者への感謝を主体に。

❷ うれしさは等身大の言葉で表現し、喜びを率直に伝えて。

❸ 頻繁に会えない状態なら、自分たちの近況報告を添える。

♣ 応用

喜びをいきいきと伝える表現

▼ちょうど、こんなトップスがほしいと思っていたのです。どうしてわかったのかしら？

▼自分では、ぜいたくだと思って手が出せなかった品なので、うれしさも格別です。

▼ふだんからセンスのいい○○さんのお見立て、さすがです。早速着ていますよ。

▼雑誌を眺めながら「これ、いいわね」と言ったのを覚えていてくれたのですね。

敬老の日のプレゼントへのお礼

祖父母➡孫

翔太くんへ

★じぃじとばぁばに、絵のプレゼントをありがとう。学校でずいぶんたくさん字をならったんだってね。これは、じぃじとばぁばから、翔太くんへのはじめてのてがみです。

翔太くんのプレゼントは、ほんとうにうれしかったよ。じぃじのかみの毛は、本ものよりもフサフサにかいてくれたんだね。ばぁばも、ほんとうのばぁばより、ほそくてすてきに見えるね。二人で、「翔太くんは、やさしい子どもだね」と大喜びしました。

翔太くんがすくすくと元気に育つのを見ることが、じぃじたちのいちばんのたのしみです。どうかこれからも、明るくてやさしい男の子でいてください。

すてきなプレゼントをもらったおれいに、おこづかいをすこしおくります。翔太くんの好きなものを、やさしいママにかってもらってください。

冬休みになったら、遊びにおいでね。まっているよ。

ばぁば

Poi

❶子どもの年齢に合わせた表現と文字づかいに配慮する。
❷孫からの贈り物は、親が促していることが多いので、親への気遣いも忘れずに。
❸インターネットには、小学校で習う漢字をチェックできるサイトもあるので参考に。

★注意点
あからさまに「敬老」を祝わないほうがよい？
60～70代なら、自分を「敬老」の対象だと思っていない人も多いもの。祝う側としては、拒絶反応が少ない「孫からのプレゼント」の形をとる、あるいは「連休だから」とさりげなく食事や旅行に誘うなどの配慮が必要な時代です。ただ、祝われた側は、素直に好意を受けとりたいものです。

クリスマスプレゼントのお礼

子どもの母親↓祖父母

こちらはチラチラと雪が舞っています。街は、クリスマスを迎えるにふさわしいロマンチックムードです。

本日、お父様お母様からのクリスマスプレゼントが届きました。ありがとうございます。お言葉に甘えて、品物をリクエストさせていただきましたが、探すのがたいへんだったのではないかと案じております。いただいたプレゼントは、クリスマスの朝に、あかりのベッドの枕元においておくつもりですが、大好きなキャラクターの絵本に、きっと大喜びすることでしょう。

電話でお礼を言うと、あかりにわかってしまうので、こうしてこっそりと手紙を書いています。あかりには、クリスマスの日に「ありがとう」の電話をさせますが、最近はおしゃまになってきて、大人っぽい話し方をするのでおもしろいですよ。

寒さがつのるこのごろですので、おかぜなど召しませんように、どうぞくれぐれもお気をつけくださいませ。

また後日ご連絡しますが、♥まずは到着のご報告とお礼まで。

Point

❶ 到着のお礼→プレゼントを開封した本人(子)からのお礼の二段構えで。

❷ 到着の報告は電話で行い、プレゼントを抱えた子の写真とともにお礼状を送る方法も。

❸ 品物をリクエストしたときは、相手の手間についてもお礼を。

♥マナー **祖父母側にとってはお礼とお返しは**

祖父母側にとっては「喜んでもらえた」と感じるのがいちばんうれしいものです。返礼品は不要ですが、子ども自身からのお礼は必須。また「いただいたぬいぐるみを片ときも離さない」「いただいた洋服を着せていたらママ友にうらやましがられた」など、パパママからも具体的なフォローを。

PART 3

お祝いをいただいたときのお礼

子どもの成長の節目や、自分の喜びごとを祝われたときは、
その喜びをともにわかち合うという意味で、
「内祝」としてお返しの品を贈るのが一般的です。
ただ、品物だけを送りっぱなしにするのは失礼なので、
送り状としてのお礼の手紙を添えましょう。

お祝いをいただいたときのお礼のマナー

金品より「祝ってくれた気持ち」へのお礼に重点をおく

結婚・就職などの新しい門出や、出産・入学など子どもの節目のお祝いには、金品を贈られることが多いものです。しかし、お礼状を書くときは、金品より相手の心遣いへの感謝に重きをおきます。たとえば、

「ごていねいなお手紙とお祝いをいただき」「お心にかけていただいたばかりか、結構な品を頂戴し」など、気持ちへのお礼を先に書くのが原則です。

多額の現金や高価な品物をいただくと、相手の出費を考えて恐縮するものです。しかし「たくさんのお祝い金」「散財をかけてしまい」などとあからさまに書くのは、金額だけをありがたがっているようで品がありません。このようなときは「過分なご芳志」「身に余るご厚意」などの謙遜表現を使いましょう。

なるべく祝ってもらった本人が自筆で書く

お礼状は本人が書くのが原則です。初節句祝いや高齢の長寿祝いへのお礼状を、家族が代筆するのはやむをえませんが、夫の祝い事へのお礼状を妻が代筆するのは避けたいところです。

結婚や出産を機会に、写真入りのあいさつ状を作成するときも、お祝いをいただいたかたへは、必ず自筆でお礼の言葉を添えます。

子どもの祝い事の場合、文字を書ける年齢で

あれば、親が書いたお礼状に加えて、「ありがとう」のひと言だけでも子ども自身にメッセージを書かせましょう。中学の入学祝い以降は、子ども本人に書かせて「お礼状を書く」という習慣を身につけさせたいものです。

子どもの成長に伴うお祝いにも「内祝」を贈るのが一般的に

結婚祝いと出産祝いは、親戚のほか、職場の人や友人など広い範囲からいただくことが多いため、「内祝」として返礼品を贈るのが以前からの慣習でした。しかし、その後の入園・入学祝いなど、子どもの成長に伴うお祝いは、あくまでも身内でのやりとりなので、内祝（返礼品）は贈らなくてもよいとされていました。

ところが近年はライフスタイルが多様化して「お互い様」にできないケースがふえ、きょうだいや親戚の間でも、いただいたお祝いの1/3～半額程度の返礼品を贈るのが一般的になっています。

お祝い（現金・商品券）へのお礼状の基本ひな型

お祝い事の内容や状況に合わせて❻❼の部分をアレンジしましょう

前文　主文

❶拝啓　❷桜の便りが聞かれるころとなりました。

❸ご家族の皆様にはご健勝にお過ごしのこととお喜び申し上げます。

❹さて、このたびの○○（祝い事）に際しましては、❺お心のこもったお言葉と、過分なお祝いを頂戴いたしまして、まことにありがとうございました。

【前文】

❶ 頭語と結語
叙勲祝いなど正式な祝い事なら「謹啓」「謹白」に。友人へ出産祝いのお礼なら頭語を省いても。

❷ 時候のあいさつ
お祝い事にふさわしく、明るい言葉を選びます。

❸ 安否のあいさつ
親戚にあてては「（○○おじさまをはじめ）ご家族の皆様には」とするのがよいでしょう。

【主文】

❹ 起こし言葉

❺ お祝いへのお礼
相手の気持ち（お言葉／祝詞／励まし）→お祝いの金品の順に書いてお礼を述べます。

末文

せっかくのお気持ちですので、これからの生活で毎日使うものを
⑥と思いまして○○(品物)を購入させていただきました。
⑦○○様に見守られていると考えながら、たいせつに使わせていただきます。
⑧今後とも、いろいろとお世話になることと存じますが、どうぞよろしくお願い申し上げます。
⑨時節柄、どうぞご自愛ください。
⑩まずは、書中をもちまして御礼を申し上げます。

①敬具

⑦ 今後の予定、抱負
購入した品物をどう使うか、あるいは新生活への抱負などを述べます。

⑧ 今後につなげる言葉
お祝いの内容によっては、さらに踏み込んで「ご指導」「ご支援」などをお願いします。

【末文】

⑨ 相手の健康を祈る言葉
「時節柄」は季節を問わずに使える表現です。

⑩ 用件をまとめる言葉
再度、お礼を述べて手紙を結びます。

⑥ お祝い金の使いみち
現金や商品券の贈り物には、「必要な品物、好みの品物を買って役立ててほしい」という相手の心遣いが込められています。親戚など親しい人へは「○○を買いました(買う予定です)」と報告するのが基本ですが、仕事関係者などへは「有効に使わせていただきます」でOKです。

子どもの成長に関するお祝いへのお礼

出産祝いへのお礼①（内祝の送り状を兼ねて）

夫婦連名➡お祝いをいただいたかた

秋も深まってまいりましたが、皆様にはおすこやかにお過ごしのことと存じます。

さて、このたび、私どもの長男誕生に際しましては、♥心あたたかいお祝いをいただき、まことにありがとうございました。

おかげさまで、母子ともに経過は順調です。子どもは、未来に向かって大きく羽ばたいてほしいという願いを込めて「大翔（ひろと）」と命名いたしました。なにかと不慣れで、戸惑いも多い新米の両親ですが、二人で協力して子育てを楽しんでいこうと思っております。

皆様には、今後ともご指導やご助言をいただければ幸いです。

なお、ささやかながら内祝のしるしを別便にてお送りいたしましたので、お納めくださいますようお願いいたします。

寒さに向かいます折から、いっそうのご自愛をお祈りいたしまして、ご報告かたがた御礼を申し上げます。

Point

❶ お祝いへのお礼／母子の健康状態や近況／子どもの名前と命名理由／の3点を盛り込む。

❷ 漢字の名前には、読みがなを書き添える。

❸ 子どもの写真を同封すると喜ばれる。

♥マナー **出産報告は最小限の範囲に**

出産後に「赤ちゃんが生まれました」と知らせるのは、パパママの実家、きょうだい、産休中の職場、妊娠を知っている親しい友人程度に。喜びのあまり、広い範囲に知らせると、お祝いを催促しているように受けとられてしまうこともあります。

出産祝いへのお礼②（産休中の職場へ）

本人（母親）⬇職場

拝啓　花の便りが各地から届く季節となりましたが、皆様にはお元気でご活躍のことと存じます。

さて、先日は長女の誕生にあたり、あたたかいお祝いの言葉とごていねいなお心遣いをいただき、まことにありがとうございました。有効に使わせていただきます。

おかげさまで、母子ともに健康に過ごしております。植物が芽吹く時期に生まれた子どものすこやかな成長を願い「芽生（めい）」と名づけました。

これからしばらく休暇をいただくため、皆様にはご迷惑をおかけし、恐縮しております。復帰後は、新しい家族のためにも、いっそう仕事に精進いたします。どうぞ、今後もご指導のほど、よろしくお願い申し上げます。

心ばかりですが、♥★内祝いのしるしをお送りいたしますので、ご笑納くださいますようお願いいたします。

まずは書中をもちまして御礼申し上げます。

敬具

Poi

❶ 産休で職場に負担をかけている現実を忘れずに。
❷ 復帰後は、いっそう仕事に励みたいという決意を伝える。
❸ 職場へは、頭語・結語を使い、ビジネス文書形式で。

♥ マナー
内祝の品物選びはいただいた人数に応じて

「有志」「一同」名義のときは、職場全体で楽しめる、個包装のお菓子や、コーヒー・お茶のセットなどが適しています。3～4人以下なら、いただいた金額を人数で割り、個別に準備するのがよいでしょう。

★ 注意点
送り状を同梱するときは封をせずに

封をした「信書」は宅配便では送れません（くわしくは60ページ）。

出産祝いへのお礼③(お下がりもいただいたとき)

本人(母親)➡親戚

◆友美お姉さんへ

朝夕はだいぶ過ごしやすくなってきましたね。お元気でお過ごしのことと思います。

先日は、お心のこもったお祝いに加えて、海斗くんのベビーカーまでお送りいただき、ほんとうにありがとうございました。ベビーカーは、早速使わせていただいています。新品同様で、お姉さんが、ていねいにお使いになっていたことがよくわかります。お姉さんの子育ての毎日を支えた品だと思うと、なんだか心強くなります。♣私も、たいせつに使わせていただきますね。

気遣いなしに、との思いやりのお言葉をいただきましたが、雅彦さんと相談して、ほんの気持ちばかりの内祝のしるしをお送りいたします。お口に合うとうれしいのですが。

年末年始には、陽菜を連れて帰省するつもりですので、どうぞよろしくお願いいたします。

まずは、お手紙にてお礼まで。

さくら

Point

❶お下がりのベビー用品の状態がよいことを喜ぶひと言を。

❷「お返しはしないで」などの言葉をかけられているときは、その心遣いにもふれて。

❸帰省の予定など、今後につなげる言葉で結ぶ。

◆なるほどMEMO **親しい相手には呼びかけで書き始めても**

頭語・結語を使うとかた苦しくなるので省くのが自然。

♣応用 **お下がり品についての表現**

▼大きいサイズの洋服は準備していませんので、たいへんに助かります。

▼○○ちゃんのドレスで、お宮参りをする日が楽しみです。

▼お言葉に甘え、しばらくお借りいたします。

初節句祝いへのお礼

夫婦連名➡知人

春の兆しがうれしいころとなりました。

佐藤様、また奥様には、ご健勝にお過ごしのこととお喜び申し上げます。

このたびは、♣結奈（ゆな）の初節句にあたり、すてきなフラワーアレンジメントをお贈りいただきまして、ほんとうにありがとうございました。桃と菜の花の彩りが春らしく、はなやかです。さっそくひな人形の隣に飾りまして、楽しませていただいております。

夜になるとなぜか妙に元気になる娘のおかげで、拓也さんも私も睡眠不足の毎日がつづいております。でも、結奈のあどけない寝顔や屈託のない笑顔を見ると、日々の疲れも忘れ、親としての幸せをしみじみと感じるような気持ちがいたします。

いただいたお花といっしょに写した写真とともに、♥心ばかりの初節句内祝をお届けいたしますので、どうぞお納めください。

これからもいろいろお世話になることと存じますが、どうぞよろしくお願いいたします。やさしいお心遣いに感謝し、一筆御礼まで。

Point

❶ 近親者以外からいただいたら、その気遣いへのお礼を主体に。

❷ 子どもに対してのお祝いなので、成長ぶりなどを伝える。

❸ 親しい人には、子どもの写真を添えると喜ばれる。

♣応用

初節句祝いへのお礼表現

▼初節句までお心にかけていただき、恐縮しております。

▼このように、成長の節目を祝っていただける○○は、ほんとうに幸せです。

♥マナー

内祝（お返し）の要不要とタイミング

食事会などに招待するのであれば内祝品は不要です。それ以外のかたへは、3月（男の子なら5月）中に、子どもの名前で内祝を送ります。

七五三祝いへのお礼

子どもの母親→夫の両親

十一月とは思えないような、おだやかな気候がつづいております。

お父様お母様には、その後お変わりなくお過ごしのことと存じます。

先日は、悠真のために、立派なスーツを贈ってくださいまして、ありがとうございました。

いただいたスーツを着せて、○日の日曜日に、○○神社でお参りをすませてきました。やんちゃ盛りですので、転んだり汚したりしないか心配でしたが、♣「おめかし」すると気持ちもピシッとするようで、おとなしくしてくれていました。いつのまにか、しっかりしてきたんだなぁ、と感慨新たな一日でした。
◆当日の写真をフォトブックにまとめたものと、悠真が描いた絵を同封しますのでご覧ください。
遠くにおりますので、なかなか悠真の顔を見せに連れていくことができず、申しわけなく思っています。お正月には帰省する予定ですので、お兄ちゃんらしくなった姿を見てやってくださいませ。

まずは、心からのお礼まで。

Point

❶ 幼児の節目を祝う行事なので、子どもの成長ぶりを中心に。
❷ 品物をいただいた場合は、いかに気に入ったかを具体的に。
❸ 写真や子どもの絵を同封すれば、送り主の好感度がアップ。

♣ 応用

子どもの晴れ着を贈られたときの表現

▼鏡の前でポーズをとる姿は、すっかり一人前のレディです。
▼スーツ姿になると、ぐっと大人びて凛々しく見えます。
▼さすが、おしゃれなお母さま、すてきなデザインですね。

◆ なるほどMEMO

行事の際にはプリント写真を送ってみては

フォトブック、スタジオ写真、はがきプリントなどには、メールに添付した画像とは一味違う「特別感」があります。

入園祝いへのお礼

子どもの母親→友人

さやか様

便利そうなお弁当グッズの数々、ほんとうにありがとうございました！　初めてのお弁当作りにドキドキ、不器用な私にキャラ弁なんか作れるのかしらとハラハラ、という毎日だったのです。

さやかさんのプレゼントを見て、神様が救いの手を差しのべてくれたような気持ちになりました。さすが先輩ママですね。♣経験者が選んでくれるものは違うなぁ、と★感心しちゃいました。

親子とも幼稚園での新しい生活を楽しみにしていますが、現実問題としては、お弁当のことばかりではなく、ママたちとのおつきあいなど、わからないことばかりで不安がいっぱいです。入園したら、午前中は少し時間ができると思うので、いろいろアドバイスをお願いできればと思います。

落ち着きましたらご連絡させていただきます。そのときはまたよろしくお願いいたします。

心より感謝を込めて。

綾香より

Poi

❶ 子育て経験者からの贈り物には「こういうものが必要だった」という敬意を込めて。

❷ 「ドキドキ」などの擬態語を使うとリズミカルな文章に。

❸ 実際に話しかけているような文面にすると親しみが出る。

♣ 応用 **役立つ贈り物へのお礼表現**

▼毎日使うものですから、ほんとうにありがたいです。

▼○○の大好きなキャラクターがついていて、本人も大喜びしています。

★ 注意点 **目上の人へは「感心」でなく「感服」**

感心は「感心な子」など上から評価を下すときの表現。友人にはOKですが、目上の人へは「感服」「敬服」とします。

入学祝いへのお礼

子どもの母親・父親↓親戚

春の光がまぶしい季節になりました。

ご家族の皆様にはお元気でお過ごしのことと存じます。

このたび、葵の小学校入学にあたりましては、あたたかいメッセージと、ごていねいなお祝いをいただきまして、まことにありがとうございました。記念になり、勉強に役立つものをと考えまして、♣学習用の辞典を購入させていただきました。

入学という大きな節目を迎え、♣親も感慨を新たにしております。期待と不安が入りまじった複雑な心境というのが正直なところですが、学校という新しい環境の中で、子どもばかりでなく、親も成長していきたいと願っております。どうか、これからも折にふれてご助言のほどをよろしくお願いいたします。

季節の変わり目でございますので、どうぞお体をたいせつになさってください。まずは書中にて御礼を申し上げます。

ありがとうございました。あおい

Point

❶ 現金や商品券をいただいたときは使いみちを書く。
❷ 新しい生活に向かっての抱負を書くと前向きな文面に。
❸ 子ども自筆のひと言を添えると心のこもったお礼状に。

♣応用 **使いみちが決まっていないときの表現**

▼学校生活で必要な品をそろえるために使わせていただきます。
▼通学に必要な品のため、有効に使わせていただきます。

♣応用 **親の感慨をあらわす表現**

▼ついこの間まで赤ちゃんだったのにと思うと感無量です。
▼ランドセルを背負うと、とたんに大人びて見え、成長の早さをしみじみ感じます。

子どもが書く中学校入学祝い（現金）へのお礼

本人（子ども）➡親戚

★桜のニュースが聞かれる季節になりました。
浩伯父さん、景子伯母さん、お元気でお過ごしでしょうか。

昨日、中学の入学祝いが届きました。どうもありがとうございます。中学校では、サッカー部に入るつもりなので、新しい靴を買おうと思っています。

中学校からは、勉強が急にむずかしくなると聞いているので、心配もありますが、なんとか部活もがんばっていきたいと、張り切っています。

大輔兄ちゃんは、バスケット部のキャプテンになったと聞いています。こんど会ったときに、勉強と部活を両立させるコツを教えてほしいです。

両親から、くれぐれもよろしく伝えてほしいとのことでした。夏休みには、家族そろって遊びに行けると思います。それまで、どうぞ皆さん、お元気で。

ほんとうにありがとうございました。

Poi

❶ 中学以降は、子ども自身がお礼状を書くのが望ましい。
❷ 親からのお礼状を、あえて出さないときは伝言という形で感謝の気持ちを伝える。
❸ 現金をいただいたときは、学用品や部活用品を買う予定とすると好印象。

★注意点 **形式どおりのきちんとした手紙は不自然**

中高生が「拝啓」と書き始めたり、「お元気でお過ごしのこととお喜び申し上げます」など手紙独特の言い回しを使ったりするのは、見本の文例を書き写したようでかえって不自然です。「です」「ます」体のていねいな表現を使いながらも、目の前の相手に話しかける調子で書きましょう。

親が書く高校進学祝いへのお礼

父親・母親⇩親戚

拝啓　めっきりと春らしい気候になってまいりましたが、知世様には、その後お元気でお過ごしのことと存じます。

このたびは、綾香の高校◆進学に際し、ごていねいなお心遣いをいただき、まことにありがとうございました。

中学時代は、吹奏楽部の部活動に夢中の毎日で、親としては内心ハラハラしておりました。それでも三年生になってからは自発的に塾に通うようになり、なんとか志望の高校に進学できることになりました。合格したことは、もちろんうれしいのですが、その結果よりも、精いっぱい努力することのたいせつさを、親子で学べたことが大きな喜びとなりました。今後は、この経験を生かして、充実した高校生活を送ってもらいたいと願っております。

知世様には、これからも引きつづき綾香をお見守りくださいますよう、心よりお願い申し上げます。

追って、本人の書いたお礼の手紙をお送りする予定でおりますが、まずはとり急ぎ書中にて御礼を申し上げます。

敬　具

Point

❶ 難関の受験に合格した場合も、過度な喜び表現は控えて。

❷ 新生活に向けての抱負や希望を述べ、前向きな文面に。

❸ 親の手紙と、子ども自身からの礼状をいっしょに送っても。

◆なるほどMEMO **中学校までは「入学」、高校以降は「進学」**

話し言葉では、「入学」「進学」をあまり区別せずに使っています。しかし、のし紙の表書きなどは、義務教育である中学校までは「入学」、高校以降は、上級の学校に進むことを意味する「進学」と使い分けるのが一般的です。なお、大学院の場合、学部と同じ大学の院に進むときは「進学」、違う大学院のときは「入学」と区別することもあります。

大学進学祝いへのお礼

本人→親戚

拝啓　陽春の候となりましたが、皆様にはおかれましては、ますますご健勝のこととお喜び申し上げます。

さて、このたびは私の大学進学にあたり、ごていねいなお祝いを頂戴いたしまして、まことにありがとうございました。これからの生活に役立つもののため、有効に使わせていただきます。

初めての一人暮らしで戸惑うことも多いのですが、♣家族のありがたみを再認識しながら、毎日を過ごしております。地元ではできない勉強をしたいと、みずから望んで進んだ道ですので、♣積極的にいろいろなことを体験し、吸収しながら、充実した学生生活にしたいと願っております。

皆様には、どうかこれからも折にふれてご指導ご助言のほどをよろしくお願いいたします。

朝晩は、まだ肌寒い日もありますので、どうぞお体をたいせつになさってください。

まずは書中をもって御礼申し上げます。

敬具

Point

❶形式にのっとった礼儀正しい手紙で「大人への階段」を着実に上っていることを示す。

❷一人暮らしをする場合「親への感謝」にふれると好感度大。

❸大学生活での経験に期待する言葉を盛り込む。

♣応用 **学生生活への抱負を述べる表現**

▼目標としている○○の勉強に向け、努力を重ねていきたいと考えています。

▼これからの4年間、幅広くさまざまなことにチャレンジしていきたいと思います。

▼専門以外の分野でも広い知識を身につけ、さらに大きく成長したいと願っております。

▼幼いころからの夢○○をめざしていっそう努力します。

成人祝いへのお礼

本人↓小学校の恩師

厳しい寒さがつづいておりますが、先生にはお元気でお過ごしのことと存じます。私が、就職のために上京してはや二年がたとうとしていますが、いい上司や先輩に恵まれ、忙しいながら充実した毎日を送っております。

さて、先日はすばらしい成人の記念品をお贈りいただき、ありがとうございました。懐かしい小学生時代の写真や作文に、タイムカプセルを開けたような驚きと感動を覚えました。添えられていた先生の手紙の「大人になっても、どこで暮らしても、故郷と幼いころの思い出は、いつも君たちの心の中にある」というお言葉は、東京で成人式を迎えた私への、なによりの応援エールでした。♣大人として、社会人として、いっそうしっかりしなければと思っています。

先生からの贈り物を眺めながら、しばらくぶりに夏には帰省してみようという気持ちになりました。その節は、必ず先生のところにごあいさつに伺いますので、どうぞよろしくお願いいたします。

お心のこもったお祝い、ほんとうにありがとうございました。

Point

❶恩師や身内は、大人になったことを心から喜び、祝ってくれるもの。お礼状ではその「気持ち」への感謝を主体に。

❷遠方の人、久しぶりに連絡をとる人へは近況報告も。

❸成人式を迎えての感慨や、今後の抱負を盛り込む。

♣応用 **成人式を迎える感慨を表現する**

▼まだ、親に扶養されている学生の身分ではありますが、大人としての自覚と責任を持たなければと、気持ちを引き締めています。

▼成人したとはいえ、社会経験も見識も乏しい未熟者ですので、これからもご指導ご鞭《べん》撻《たつ》（＝励ますこと）をよろしくお願いいたします。

卒業祝いへのお礼（就職が未定のとき）

本人↓習い事の先生

本格的な春の訪れが待ち遠しいころとなりましたが、先生にはご清祥にお過ごしのこととお喜び申し上げます。

このたびは、♥すてきなお祝いをいただき、ありがとうございます。大学を卒業する新しい門出とはいえ、ご存じのように、私の力不足で就職先が未定のため、しばらくはアルバイトをしながら求職活動をすることになります。新社会人としての旅立ちを迎える友人たちをうらやましく思う日々でしたが、先生からお心のこもったメッセージと卒業祝いをいただき、力強い励ましを受けた気持ちになりました。ご期待に添えるよう、これからも努力を重ねていきたいと思っております。

就職活動のため、先生のお教室をしばらくお休みさせていただきましたが、母とも相談いたしまして、四月から再開させていただきたく存じます。どうぞ変わらぬご指導のほど、よろしくお願いいたします。レッスン日などにつきましては、後日あらためてご相談させていただきますが、まずはとり急ぎ書中にて御礼申し上げます。

Poi

❶ 卒業後の進路にかかわらず、卒業はおめでたいことなので、明るい文面にととのえる。
❷ 就職先未定の理由はくわしく書かず「私の力不足」とする。
❸ 応援してくれる相手の期待に応えたいという前向きな気持ちで感謝を伝える。

♥マナー

「卒業祝い」「進学祝い」「就職祝い」を区別する

お祝いは「終わり」より「これから」を優先します。卒業後に進学・就職するなら表書きは「御進学（就職）御祝（内祝）」とします。しかし、卒業後の進路が未定のときや、国家試験や資格取得をめざして勉強するときは、励ましの気持ちを込めて「御卒業御祝（内祝）」として贈るわけです。

就職祝いへのお礼

本人➡親戚

日に日に春らしくなってまいりましたが、俊也伯父様をはじめ、ご家族の皆様がたにはお元気でお過ごしのことと存じます。

先日は、私の就職のために、たいへん過分なお祝いを頂戴いたしまして、ありがとうございました。母とも相談いたしまして、通勤用のバッグを買わせていただくことにします。

いよいよ春から社会人だと思うと、身が引き締まります。父のいない私に対し、これまで伯父様には何かにつけて力になっていただき、たいへん心強い思いをいたしました。あらためて、ほんとうにありがとうございました。

入社後は、早く一人前になって、伯父様伯母様、そして母に安心してもらえるよう、努力してまいります。どうかこれからも、親がわりとして、また社会人としての頼もしい先輩として、いろいろ教えてくださいますよう、お願いいたします。

♥心からの感謝を込めて、御礼申し上げます。

Point

❶いままでお世話になったお礼＋今後の意気込みで構成。

❷「親と相談して○○を購入」とすれば好感度アップ。

❸深い感謝の気持ちを伝えたいときは、結びに再度お礼を述べると印象が強くなる。

♥マナー **就職祝いのお返しはすぐに行わなくてもよい**

就職祝いは、本人が入社前で、定収入のない時期にいただくものです。無理をしてすぐにお返し（内祝）を行う必要はありません。まずは、お祝いへのお礼状だけを出し、後日、左ページのように「初月給（または初ボーナス）で買いました」とプレゼントを贈るほうが、相手の心に届くお返しのしかたになります。

初月給でお礼の品を送るとき

本人↓就職祝いをいただいたかた

初夏を思わせるような毎日がつづいておりますが、光江叔母様には、おすこやかにお過ごしのことと存じます。その節は、ごていねいな就職祝いをいただきまして、ありがとうございました。あらためて、心から御礼を申し上げます。

四月一日、無事に入社いたしまして、現在はまだ研修中です。仕事をきちんと覚えられるだろうかという不安は尽きませんが、幸いにも明るい雰囲気の職場で、充実した毎日を過ごしております。

実は、先日、初めてのお給料をいただきました。学生時代にアルバイトの経験があるとはいうものの、きちんとした給与明細を手にすると、♣社会人になったという実感がわいてきます。記念すべき、そしてたった一度だけの初月給で、♥心ばかりのお礼の品を求めました。どうぞお納めくださいますよう、お願いいたします。

長くお仕事をつづけていらした光江叔母様には、教えていただきたいことがたくさんあります。どうぞこれからも、ご指導ご助言をよろしくお願い申し上げます。

かしこ

Poi

❶ **お祝いをもらったときに電話または手紙→お返しのプレゼントの送り状、の二段構えで。**

❷ **入社後の仕事のようすや自分の近況も伝える。**

❸ **かた苦しくしたくないときは、封書でなく、カードを使って。**

♣ 応用

社会人としての自覚を伝える表現

▼いままで皆様に支えられてきたありがたさを実感します。

▼希望の仕事につけた喜びを、日々かみしめています。

♥ マナー

のし紙に「内祝」でなくリボンをかけるだけでも

「お返しではなくささやかな贈り物」という気持ちを伝えるため、あえてのし紙をつけず、リボンをかけるなどして贈ってもよいでしょう。

人生の節目のお祝いへのお礼

誕生日祝いへのお礼

本人➡友人

沙織さんへ
すてきなフラワーアレンジメントを、どうもありがとう！

春らしい、上品な彩りで、部屋の中がすっかり明るくなりました。

♣今年も、誕生日を覚えていてくださったばかりか、すてきなプレゼントまでいただいて、恐縮しつつも、たいへんうれしいです。

子どものころは、あんなに心待ちにしていた誕生日なのに、最近は「やれやれ、またひとつ……」と浮かない気分でした。でも、すてきなお花をながめているうちに、考え方が変わってきました。

沙織さんのようなよいお友だちに恵まれ、楽しい思い出をたくさん作りながら年齢を重ねていくのも悪くない、いえ、豊かなものじゃないかしら、ってね。これからもどうぞ仲よくしてくださいませ。

また近いうちに、ゆっくりランチでもね。

本日は一筆お礼まで。

由美子

Point

❶誕生日祝いは、ごく親しい間柄で行うもの。お礼状も飾らない言葉で書く。

❷お返しの品は不要だが、相手の誕生日にも同様の心配りをしたいもの。

❸生花の場合、相手は現物を見ていないことが多いので、写真を同封すると喜ばれる。

♣応用 **毎年いただく贈り物へのお礼表現**

▼毎年欠かさずにお祝いしてくださり、ほんとうに感謝しています。
▼いつもお心にかけていただき、ありがとうございます。
▼いくつになってもお祝いされるのはうれしいものですね。

子どもの誕生日祝いのお礼

本人(母親)↓夫の両親

♥お父様、お母様、先日は、健太のために誕生日プレゼントをお贈りいただき、ありがとうございました。カタカナばかりでわかりにくい名前のおもちゃをお願いしてしまい、お手間をかけたのではないでしょうか。

以前からほしがっていたのですが「誕生日になったら、じぃじとばぁばにお願いしてみようね」と、お二人のお気持ちも伺わずに決めてしまっておりました。まったく無責任な母親で、お父様、お母様に甘えてばかりで、申しわけなく思っています。

そんなこともありまして、念願のおもちゃでしたので、健太もことのほか喜び、片ときも手放さずに遊んでいます。健太が、お礼にとお二人の似顔絵を描きましたので、同封いたします。

♥雅紀さんは、相変わらず忙しい毎日ですが、休日には健太を連れて公園に行くなど、たいへん協力的で助かっています。

♥年末には帰省しますので、どうぞよろしくお願いいたします。季節の変わり目ですのでご自愛くださいね。まずはお礼まで。

Poi

❶品物をリクエストしたときは、相手の負担を思いやって。
❷子どもが喜んでいる写真やビデオを送るのもよい方法。
❸夫の近況は、よけいな心配をかけないよう前向きな表現で。

♥マナー
舅姑に手紙を書くとき

「お義父(母)様」「お舅(姑)様」という距離を感じさせる書き方は避けます。また、自分側の名前は行末におくのが原則ですが、夫は相手の実子ですから、行頭でもかまいません。さらに、夫の実家に行くのは、「伺う」より「帰省」「帰る」のほうが好感を与えるもの。ささいな文字表現の違いが、相手にとって大きな意味を持つこともあります。

長寿祝い（喜寿）へのお礼

本人↓趣味の仲間

拝啓　秋たけなわとなりましたが、皆さんおすこやかにお過ごしのことでしょうね。

先日は、私のために喜寿祝いの食事会を開いてくれて、どうもありがとうございました。長寿の祝いだというのに年齢を忘れ、大いに飲み、食べ、そして存分におしゃべりして、♣ほんとうに楽しいひとときでした。八十歳近くにもなって、こんなに心はずむ誕生日を迎えることになろうとは、思いもしませんでした。これもひとえに、皆さんのお心遣いのおかげと、深く感謝しております。

サークルの中では、たまたま私が最年長ですが、私自身は、皆さんのことを、気の合う仲間だと勝手に思い込んでおります。「喜寿前」と「喜寿後」に分かれてしまいましたが、これからも親しくおつきあいさせていただけると、たいへんうれしく存じます。

では、また来月の例会で、皆様がたにお目にかかれるのを楽しみにしております。

まずは書中にてお礼まで申し上げます。

敬具

Point

❶お祝いの会を開いてもらったときは、それがいかに楽しかったかを中心にして書く。

❷なるべく自分の精神的な若さや気持ちのハリを表現する。

❸さらに親しみを込めたいときは、頭語・結語を省いても。

♣応用　**祝いの会への感謝を表現する**

▼思いがけずお祝いの席を設けていただき、驚くと同時にたいへん感激しました。

▼日ごろから親しくしている皆様にお祝いいただくのは、格別の喜びでした。

▼これからも皆さんと楽しく過ごせるよう心身を鍛えます。

▼また皆さんとともに、次の喜びの節目を迎えられることを願っております。

長寿祝い(傘寿)へのお礼

子(代筆)⬇親の知人

初めてお手紙をさし上げます。私は、岡本久子の長女で、母と同居しております加奈子と申します。

このたびは、母の傘寿にあたりまして、ごていねいなお祝いをご恵贈いただきまして、まことにありがとうございました。

突然の入院でご心配をおかけいたしましたが、おかげさまで術後は順調で、現在はリハビリをつづけております。思いがけず、高橋様よりお心のこもった贈り物をいただき、♣母もたいへん喜んでおり、すっかり気に入ったようすで、毎日使わせていただいております。母とは、以前と同じように気持ちを交わすことはでき、傘寿の祝いも家族で行いました。よき節目を迎えたことを励みとして、また、高橋様のようなかけがえのないご友人がいることを心の支えとして、母も回復に向かってほしいと願っております。

このたびのお福分けといたしまして、内祝のしるしをお届け申し上げますので、ご笑納くださいませ。失礼とは存じましたが、母に代わりまして、心より御礼を申し上げます。

かしこ

Poi

❶代筆者が相手と面識がないときは、最初に自己紹介する。
❷長寿を祝われた本人のようすや近況を必ず盛り込む。
❸本人が療養中のときは、病状を前向きな表現で伝える。

♣応用 本人のようすを伝える表現

▼たいへん懐かしがって、○○様との思い出の数々を話してくれました。
▼遠くに住む孫たちも、お祝いのために駆けつけてくれました。
▼心配には及びませんが、あいにく右手に軽いけがをしたため、かわりにお礼の手紙を書かせていただきます。
▼母から、くれぐれもよろしくとのことでございます。

銀婚式祝いへのお礼

夫婦連名⬇知人

拝啓　新緑が目にまぶしい季節となりましたが、おすこやかにお過ごしのこととお喜び申し上げます。

さて、このたびの私どもの銀婚にあたりましては、ごていねいなお祝いの品をご恵贈いただき、まことにありがとうございました。手のひらにしっくりなじむ備前の夫婦茶碗で、さっそく朝の一服を楽しませていただきました。長く愛用させていただきます。

実はこの春に下の子が東京の大学に進学しまして、夫婦二人の生活がまた始まりました。テレビのクイズ番組やスポーツ中継に会話の糸口をもらいながら、♣なんとかむつまじく暮らしております。

会社生活の卒業も視野に入ってまいりまして、友人のたいせつさを再認識しているこのごろです。池田様にはどうぞ末永くおつきあいくださいますよう、あらためてお願い申し上げます。

♥なお、心ばかりの内祝をお送りいたしますのでご笑納ください。

末筆ながらご家族様のご健勝をお祈りし、まずは書中にて御礼を申し上げます。

敬具

Point

❶結婚生活の思い出や近況を記しながら感謝を伝える。

❷エピソードは、明るく楽しかったことを選んで前向きに。

❸「これからもよろしく」と今後につなげる言葉で結ぶ。

♣応用　**節目を迎えた感慨をあらわす表現**

▼夫婦ともに健康でこの日を迎えることができましたのも、皆様のおかげと心より感謝いたしております。

▼山あり谷ありでしたが「谷」のたびに夫婦の絆が深まったように感じております。

♥マナー　**祝賀会に招待するなら内祝品は不要**

近親者を招いて祝賀会を開く場合は、特に内祝(お返し)を用意する必要はありません。

親の金婚式祝いへのお礼

子ども➡親の知人、親戚

拝啓　爽秋の候となりましたが、小川様にはご清祥にお過ごしのこととお喜び申し上げます。

このたびの♥両親の金婚に際しましては、お心のこもったお祝いを頂戴いたしまして、まことにありがとうございました。

♣小川様には折にふれて両親のことをお気にかけていただき、家族としてほんとうにありがたく存じております。

贈っていただいたひざかけの肌触りがたいへんよいと両親とも喜び、さっそく毎日使わせていただいております。色違いでそろえてくださいましたので「ペアルックだね」とからかいましたら、「こんどは洋服もペアにしてみようか」と冗談を返されました。足腰はいくぶん弱ったものの、ユーモアのセンスは相変わらずで、元気にしておりますのでご休心ください。

金婚を記念して、父の短歌の習作と母の水墨画の作品を合わせて小冊子を作りました。内祝のしるしにご受納いただければ幸いです。

まずは書中をもちまして御礼を申し上げます。

敬具

Poi

❶本人が書く場合は、お祝いへのお礼→結婚生活の感慨→今後につなげる言葉と展開する。
❷祝い品を受けとった二人の反応を具体的に伝える。
❸二人の元気な近況を書き添えると、相手も安心する。

♥マナー

相手と面識がある家族が代筆するときは

差出人部分で「田中一郎・花子 代 田中美智子」というように、代筆者の名前も書き添えるのがよいでしょう。

♣応用

本人が書くときのお礼表現

▼すばらしい家族(友人)に恵まれ、誇りに思います。
▼いつもやさしい心遣いをいただき、しみじみと幸せを感じています。

受賞祝いへのお礼

本人→指導者

拝啓　菊薫るころとなりましたが、先生にはその後お変わりなくご活躍のこととお喜び申し上げます。

　先日は、ご多忙のところ、私の○○展入選祝いの会に◆ご出席いただきまして、まことにありがとうございました。身に余るご祝詞と、あたたかい励ましのお言葉に、先生からご指導を受けた十五年間のさまざまな思い出がよみがえり、胸が熱くなりました。

　これまで、自分の作風に迷うこともありました。思うように筆が進まないジレンマを感じたことは数知れません。しかし、そのたびに先生の「絵筆に訊け」という教えを思い出しながら乗り越えてまいりました。

　長年の宿願だった入選を果たすことができましたのも、ひとえに先生のおかげと、心より感謝いたしております。

　目標を達成して、安堵しているのは事実ですが、これに慢心することなくこれからも精進してまいります。どうぞ、今後ともよろしくご指導のほどをお願い申し上げます。

敬具

Point

❶お祝いの会に出席してくれた主賓にはお礼状を出す。
❷相手の指導に感謝し、自分の喜びや達成感は控えめに。
❸「今後も努力するのでご指導をお願いしたい」と結ぶ。

◆なるほどMEMO　**「来る」「出席する」のいろいろな敬語表現**

特に断りのない語句は、「〜いただき」または「〜賜り」として使います。

日常的な用件向き
ご出席／ご来場／ご来訪
お越し・おいで（いただき）
※「ご参加」は、参に謙譲の意味があるので使用を控える。

祝賀会など儀礼的な用件向き
ご来駕《らいが》／ご来臨／ご光来／ご尊来／ご臨席／ご光臨（の栄を賜り）

叙勲褒章祝いへのお礼

本人↓祝賀会出席者

謹啓　青葉の候、皆様にはいよいよご清祥のこととお喜び申し上げます。

私こと春の褒章に際して図らずも黄綬褒章の栄に浴し、感謝の会を催しましたところ、ご多忙にもかかわらずご来臨賜り、さらにはごていねいなご祝詞とご芳志を賜り、厚く御礼を申し上げます。

このたびの栄誉は、ひとえに本日ご尊来くださいました皆様のご指導ご支援のおかげと、心より感謝いたしております。

今後は、この受章を励みにいっそう精進を重ね、業界の発展のために寄与するとともに、皆様のご芳情に報いてまいりたいと存じます。

どうか、従前にましてのご厚誼をよろしくお願いいたします。

つきましては、ささやかながら内祝の品を用意いたしましたので、ご受納くださいますようお願い申し上げます。

末筆ながら、ご臨席賜りました皆様のますますのご発展とご健勝を心よりお祈り申し上げまして、御礼のごあいさつといたします。

謹白

Poi

❶展覧会や競技会で賞を受けるのは「受賞」、勲章や褒章を受けるのは「受章」。字に注意！
❷周囲のかたの指導や支援のおかげで受けたものと強調する。
❸業界の代表として受章したときは、業界全体への目配りを。

★注意点
「ご来席」という言葉は造語

右ページにある「ご来臨」「ご臨席」が合体した言葉です。最近はよく目にしますが、本来の日本語表現にはなかった造語なのです。「臨」には、身分の高い人が低い者のところに出向く、という意味がありますが、「来」は単に来るということです。出席へのお礼を尊敬表現にしたいときは「臨」を使うのがよいでしょう。

昇進祝いへのお礼（お返しなし）

本人→仕事関係者

謹啓　陽春の候、田村部長におかれましては、ますますご清栄のこととお喜び申し上げます。

さて、このたび私の○○《役職名》着任（就任）にあたりましては、過分なるお心遣いを賜りまして、まことにありがとうございました。

また、これまでは、ひとかたならぬご高配をいただき、重ねて御礼を申し上げます。

田村部長のご期待に添えるよう、これからもいっそう精励してまいる覚悟でおります。今後とも、変わらぬご指導ご厚誼のほどをよろしくお願いいいたします。

なお、近日中に、新たに貴社を担当させていただきます弊社の者を同道のうえ、あらためてごあいさつに伺います。

末筆ではございますが、田村部長のますますのご活躍と、貴社いよいよのご発展をお祈り申し上げます。

まずは略儀ながら書中にて御礼を申し上げます。

謹　言

Point

❶ 返礼品を贈る・贈らないは、組織の慣例を確認しておく。

❷ 「昇進」「栄転」など自分をたたえる表現は使わない。

❸ 役員以上への昇進は「就任」、一般管理職は「着任」が妥当。

◆なるほどMEMO

「同道」「同行」「同伴」を使い分ける

いずれも「いっしょに行く」という意味ですが、使い方は異なります。

同行→上の人といっしょ
「社長の出張に同行する」
「大臣の視察に同行する」

同道→下の人といっしょ
「部下を同道して伺います」
「社長、私も同道いたします」

同伴→親密な人といっしょ
「保護者同伴なら入場可」
「恋人を同伴して出席する」

栄転祝いへのお礼(お返しあり)

本人↓元の上司

拝啓　当地福岡では、すでに葉桜の時節となっております。

本田部長には、その後お元気でお過ごしのことと存じます。私も予定どおり着任いたしまして、ひと通りの引き継ぎをすませたところでございます。

さて、今回の私の転任に際しましては、身に余る励ましのお言葉と、お心のこもった記念品をいただきまして、まことにありがとうございました。また、販売促進部で盛大な送別会を開いていただきましたことも、重ねて御礼申し上げます。本社を離れがたい思いになるような、楽しいひとときでした。

これまで本田部長にご指導いただきましたことを、♣新しい任務にも生かすべく、微力ながら誠心誠意努めてまいります。今後も変わらぬご指導のほどをよろしくお願い申し上げます。

御礼と着任ごあいさつのしるしに、♥当地で人気の菓子を少々お送りいたします。部の皆様でお召し上がりいただければ幸いです。

まずは書中をもちまして御礼申し上げます。

敬具

Poi

❶お礼とともに、新任地での近況を前向きな表現で伝える。

❷返礼品を贈る場合、個人あてなら自宅へ。勤務先に送ると迷惑をかける場合もある。

❸職場あての返礼品は、人数分の個包装菓子などが好適品。

♣応用 **新任地での決意を示す表現**

▼本社在勤中の経験を生かし、社業の発展のために力を注いでまいります。

▼これまでの薫陶を胸に、精進してまいる覚悟です。

♥マナー **のし紙の表書きは「御礼」で**

お祝いに対する返礼品の表書きは「内祝」とするのが一般的ですが、昇進や栄転の場合は「御礼」が好印象です。

開業祝いへのお礼

本人→お祝いをいただいたかた

拝啓　仲春のみぎりとなりましたが、ますますご清祥のこととお喜び申し上げます。

さて、このたびは弊社設立に際しまして、お心のこもったご祝詞ならびにごていねいなご芳志をいただきまして、まことにありがとうございました。

このように順調な出帆ができましたのも、ひとえに皆様のご支援、ご協力のおかげと、深く感謝しております。

小さな会社ではございますが、お客様が望む空間を作り上げるため、お互いの顔が見える距離感で、きめこまかい仕事をご提供申し上げたいと考えております。どうか、今後ともいっそうのご指導とご助言のほどをよろしくお願い申し上げます。

なお、心ばかりではございますが、♥内祝の品をお送りいたしますので、ご笑納くださいますようお願いいたします。

本来であればごあいさつに参上すべきところ、まことに略儀ではございますが、書中をもちまして御礼を申し上げます。

敬　具

Point

❶お世話になったお礼・祝詞へのお礼・金品へのお礼の3つを盛り込む。

❷今後の抱負やモットーを記し、力強い文面にととのえる。

❸特にお世話になった人へは「本来なら伺うべきところ」とすると、よりていねいに。

♥マナー

表書きは「内祝」または「御礼」で

一般的には「(開業・開店之)内祝」でOKですが、お世話になった人への表書きは「御礼」とするほうが奥ゆかしいものです。お客様などに広く配る品は「開業(開店)記念」としてもかまいません。贈り主の名義は、法人名・店名だけにするか、法人名・店名+(役職名)+個人名とします。

開店祝いへのお礼

本人➡開店パーティの出席者

春風が心地よい季節になってまいりました。

先日のオープニングパーティには、お忙しいところご出席くださいまして、まことにありがとうございました。また、あたたかい激励の言葉と、ごていねいなお祝いをいただきましたこと、心より感謝いたしております。

皆様のお力添えをいただき、無事に開店のよき日を迎えることができ、感無量です。しかし、ほんとうの夢の実現は、まだまだ遠い道の先にあることを肝に銘じまして、精いっぱい努めてまいります。

ぜひまた近いうちに、♣皆様お誘い合わせのうえご来店くださいますよう、お待ち申し上げております。お気づきの点などあれば、サービス向上のため、すぐに反映させてまいりたいと存じますので、今後ともご指導ご助言のほど、どうぞよろしくお願いいたします。

末筆ながら皆様のご健勝とご多幸をお祈りいたしまして、まずは御礼とお願いを申し上げます。

○○ショップ　店主　橋本　美幸

Poi

❶お世話になったお礼・金品へのお礼・祝詞へのお礼の3つに、今後のお願いをプラス。
❷店のPRは押しつけがましくならないように表現を工夫。
❸今後に向けて重要な「来店のお願い」で結ぶ。

♣応用 **来店をお願いする表現**

▼お近くにお越しの際には、ぜひまたご来店くださいますようお願いいたします。
▼○月○日まで開店記念キャンペーンを行っておりますので、お誘い合わせのうえご来店いただければうれしく存じます。
▼新しい商品も続々入荷しておりますので、またのお越しを心よりお待ちしております。

新築祝いへのお礼

本人↓仕事関係者

拝啓　錦秋の候となりましたが、皆様にはご隆盛のこととお喜び申し上げます。平素は、ひとかたならぬご高配を賜り、あらためて心より御礼を申し上げます。

さて、このたびの自宅新築に際しましては、たいへん立派な花瓶をご恵贈いただきまして、まことにありがとうございました。なにぶんにも私事ですので、本来はご辞退申し上げるべきところですが、せっかくのお気持ちですので、今回はありがたく頂戴することといたします。こうして、自分の城を構えたことで、仕事の面でもいっそう粉骨砕身して事にあたらねばと、気持ちを引き締めているところでございます。どうぞ今後とも、ご指導のほどをよろしくお願い申し上げます。

ささやかではございますが、♥内祝のしるしをお届けいたしますので、ご笑納くださいますようお願い申し上げます。

末筆ながら皆様のいっそうのご発展を祈念いたしまして、書中にて御礼を申し上げます。

敬　具

Point

❶ お祝い品を受けとってよいかどうかの規程を確認してから。

❷ ビジネス文書の形式を守りながらも、オリジナリティのある表現をプラスして。

❸ 一般的な礼状では、自宅へ誘う言葉で結ぶが、仕事関係者へは省くのが自然。

♥ マナー

新築・新居の内祝には「入れ物」がよく使われる

「建物＝入れ物」ということで、鉢物の器や密閉容器が好適品とされています。一方、「洗剤・せっけん＝流れる（水害）」「赤いもの＝火（火事）」など悪い連想が働く品は避けるのが賢明です。なお、表書きは、自宅建築は「新築」、建売住宅・マンション購入は「新居」と使い分けます。

PART 4

お世話になったときのお礼

プライベートでもビジネスでも、
ほかの人の力添えがなければできないことがたくさんあります。
「おかげさまで」の気持ちで、
相手の好意がどれほどありがたかったかを伝えましょう。
また、結果的にうまくいかなかったときも、
お礼の報告をすることが大事です。

お世話になったときのお礼のマナー

「ありがとう」と言われていやな気持ちになる人はいない

PART2～3の贈り物やお祝いの場合、お礼の手紙やメール、電話をするのは当然のことです。しかし、お世話になったお礼の場合は、

・**お礼状を出すほうがよいだろうか**
・**お礼の金品を贈るほうがよいだろうか**
・**相手は仕事なのだからお礼は不要なのでは**
・**そもそもお礼を言うべきことなのか**

など、いろいろな迷いが生じます。

ただ、「ありがとう」と言われて怒る人、お礼状をもらって迷惑だと思う人はいません。金品を贈るかどうかは別として、お礼の気持ちをあらわすことを惜しむのは寂しいことです。

相手に金銭や時間の負担をかけたときはお礼の金品を添える

お礼のしかたは、お世話になった経緯と、相手にかけた負担の度合いによって考えます。次のようなケースではお礼の金品を検討しましょう。

●**相手が自分のために協力してくれたとき**

就職・転職先の紹介／人物の紹介／保証人を引き受けてくれた／品物の借用　など

●**相手が自分のために時間をさいてくれたとき**

旅先で案内してもらった／子どもを預かってもらった　など

●**相手に金銭的な負担をかけたとき**

食事をごちそうになった／相手の家に泊めてもらった　など

現金は避け、品物で考えるのが原則

以前は、現金を贈るのは餞別と香典だけとされていました。どちらも「費用がかかるでしょうから足しにしてください」という現実的な扶助だったのです。現在は、結婚祝いをはじめ各種のお祝いに現金を贈ることが多く、また受けとる側にも歓迎されますが、本来は、品物を贈るのがならわしでした。「気持ち」を形にしたのが「品物」というわけです。

そのような流れを考えると、お世話になった人へ現金を贈るのは、味気ないものです。帰省時の宿泊や、妻の出産滞在などの際に、実家に現金を渡すことはありますが、そのほかの場合には現金は避けるのが基本です。数千円までなら菓子折などの食品、1万円以上なら商品券やカタログギフトなどを用いるのがよいでしょう。趣味性の強い品は、お礼品には向きません。

お世話になったものの、結果が思わしくなかったときもお礼を忘れずに

就職・転職先の紹介を受けたり、人物や取引先を紹介されたりしたものの、結果的にうまくいかないときもあります。紹介してくれた相手に対して伝えにくいことですが、こんなときこそ、きちんとお礼をしたいものです。結論が出た時点ですぐに報告し、後日あらためてお礼状とお礼品を贈るのがよいでしょう。

また、亡くなった家族が生前お世話になった病院、介護施設、ペットのかかりつけの動物病院などにも、お礼をするとていねいです。金品を受けとらない病院・施設もありますが、手紙は別です。ケア関係の仕事は、数字やデータで結果があらわれる職種ではないため、「感謝の手紙をもらうのがなによりうれしく、壁に貼り出して励みにしている」というところも多いのです。

お世話になったときのお礼状の基本ひな型

❼❽の部分を、お世話になった内容と現在の状況に合わせて調整すればOK

前文　主文

❶拝啓　❷おだやかな小春日和がつづいておりますが、

❸○○様にはますますご健勝のこととお喜び申し上げます。

❹さて、このたびの❺□□□（お世話になったこと）の件では、ひとかたならぬお世話になりまして、まことにありがとうございました。❻

❼おかげさまで、その後順調に進んでおります。❽これもひとえに

【前文】

❶ 頭語と結語
親しい相手へのお礼状では省いて、「このたびは（先日は）」とお礼の言葉から始めてもよいでしょう。

❷ 時候のあいさつ

❸ 安否のあいさつ
一般の手紙では、このあと「日ごろはお世話になり……」という感謝のあいさつがつづきますが、お世話になったお礼が手紙の目的なので、冒頭のあいさつでは省きます。

【主文】

❹ 起こし言葉

❺ お世話になった件の特定
「このたびはありがとうございました」という漠然としたお礼では、相手がピンと来ないときもあります。

❻ お世話になったお礼

末文

○○様のお力添えがあったからこそと、心より感謝いたしております。
⑨今後もなにかとお助けいただくことがあるかと存じますが、どうぞよろしくお願い申し上げます。
⑩なお、ささやかではございますが、お礼のしるしを同梱いたしますので、ご笑納くだされば幸いに存じます。
⑪向寒の折でございますので、どうぞくれぐれもご自愛ください。
略儀ではございますが、書中をもちまして御礼申し上げます。⑫
敬具①

⑨ 今後につなげる言葉

⑩ お礼の品について
手紙とは別に送るときは「別便にてお送り申し上げますのでご笑納ください」とします。

【末文】

⑪ 相手の健康・活躍・幸福を祈る言葉

⑫ 用件をまとめる言葉

⑧ 相手の力添えに対する具体的なお礼
お世話を受けたことが、いかにありがたかったか、助かったかという感謝の気持ちを伝えます。

⑦ 経過や結果
お世話を受けたあと、どうなったかを伝えます。結論が出ていなくても、経過報告を兼ねて、相手が動いてくれたことに対してのお礼状を出します。

就職・求職でお世話になったお礼

実習・研修などの終了時のお礼

本人（女性）↓受け入れ先の担当者・責任者

♥このたびは、貴施設にて実習をさせていただき、まことにありがとうございました。センター長をはじめ職員の皆様には、たいへん親身なご指導とご助言をいただき、心から感謝しております。

実は、お世話になっておりました間は、不安と心配の連続でした。しかし、入居者の皆様にとっては、経験豊かな職員のかたも、私ども実習生も同じ介護スタッフであり、現場では実習生という甘えは許されないということを痛感いたしました。私どもの不安は、入居者の皆様にそのまま伝わってしまいますし、逆に入居者のかたが笑顔を見せてくださいますと、私どもも心からの喜びを感じることができました。このたびの貴重な体験を生かし、今後はさらに勉学と技術取得に励もうと、決意を新たにしているところです。

末筆ではございますが、貴施設のますますのご発展をお祈り申し上げまして、書中にて御礼を申し上げます。

かしこ

Point

❶ 実習をさせてもらったお礼↓指導へのお礼の二段構えで。

❷ 実習の感想や収穫をできるだけ具体的に書く。

❸ 体験を今後に生かすという前向きな決意を述べる。

♥マナー

訪問してお礼を述べる場合も

実習終了後、菓子折などのお礼品を持って実習先を訪問し、口頭でお礼を述べるよう指導している学校もあります。事前に、お礼のしかたを確認しておきましょう。直接出向かずにお礼状を出すときは、翌日には手紙を投函し、できるだけ早く感謝の気持ちを伝えることです。

採用面接のあとで送るお礼

本人➡会社の採用担当者

拝啓　時下ますますご清栄のこととお喜び申し上げます。
○月○日に面接を受けさせていただきました、♥○○大学○○学部○○学科3年、鈴木さやかと申します。
このたびは、お忙しいところ貴重なお時間をいただき、まことにありがとうございました。

面接では、貴社の経営方針や、現在進行中の事業内容、将来の展望などについてごていねいなご説明をいただき、たいへん勉強になりました。

以前から、♣貴社を第一志望として、入社を熱望しておりましたが、今回、○○分野への進出を積極的に検討しているというお話を伺い、貴社で働かせていただきたいという思いを、いっそう強くいたしました。

今後とも、なにとぞよろしくお願い申し上げます。

末筆ながら、貴社いよいよのご発展を心よりお祈り申し上げます。

敬具

Poi

❶お礼状は必須ではないが、受けとった側の印象アップにつながる。
❷面接で会っただけなので、手紙の冒頭で自分のことを名乗る。
❸相手の名前がわからなければ「採用ご担当者様」とする。

♥マナー
転職面接の場合も自己紹介を

相手に自分のことを思い出してもらうため、冒頭で自己紹介を。新卒者は、学校名、学年、名前を。転職面接の場合は名前だけを記せばOKです。

♣応用
転職の場合は経験をアピール

▼前職の経験を生かして、貴社のために貢献したいと存じます。
▼○○の経験がございますので、実務にも即時に対応できると存じます。

内定先へのお礼（新卒）

本人↓採用担当者

拝啓　仲夏の候、貴社ますますご隆盛のこととお喜び申し上げます。

先般は、説明会や面接などで貴重なお時間をさいていただき、まことにありがとうございました。また、このたびは内定のお知らせをいただき、心より御礼を申し上げます。

貴社で仕事をさせていただくことを学生生活の第一の目標として勉学に励んでおりましたので、家族ともどもたいへんに喜んでおります。

一日も早く貴社に貢献できるように、♣入社までの間も自己研鑽を積む所存でございます。まだまだ至らぬ点の多い未熟者ではございますが、今後ともご指導のほどをよろしくお願い申し上げます。

まずは書中にて御礼を申し上げます。

敬具

令和○年○月○日

○○大学　○○学部四年　原田　美咲

○○株式会社　人事部

採用ご担当者様

Point

❶ 社会人としての常識をわきまえていることを示すためにも、手紙の形式を守って書く。

❷ 後付け（日付以降の部分）は正しい順番で（24ページ参照）。

❸ 採用担当者の名刺をもらっているときは「ご担当者様」ではなく、個人名あてに出す。

♣ 応用

面接で課題点を指摘されているときは

資格・免許の取得やTOEICのスコアアップなど、入社までの具体的な「宿題」が出されているときは、「教習所に通い始めました」「リスニングに力を入れて勉強します」など、課題克服に向けてどのようなことを行っているか、具体的に書き添えます。

内定先へのお礼（転職）

本人↓採用担当者

拝啓　時下ますますご清栄のこととお喜び申し上げます。

先日は、ご多忙の中、面接のためにお時間を頂戴し、まことにありがとうございました。さらに、♣このたびは採用内定のご通知をいただき、厚く御礼を申し上げます。

貴社に憧れて応募書類を提出させていただきましたが、当時の志望動機は、いま振り返れば実に漠然としたものでした。しかし、さまざまな説明を受け、社内の見学などもさせていただいた現在は、自分のしたい仕事、できる仕事の像がはっきりと具体的に見えてきております。これまでの技術者としての経験を生かしながらも、貴社にとっては新入社員であるという謙虚な気持ちを忘れず、仕事にとり組んでいこうと、決意を新たにしております。

微力ではございますが、ご期待に添えるよう精いっぱい務めさせていただきますので、どうぞ今後ともご指導のほどをよろしくお願い申し上げます。

まずは書中にて御礼を申し上げる次第です。

敬具

Poi

❶ 近年は、新卒者だけでなく、転職者も内定のお礼状を出すことが多い。

❷ 経験や実績を買われて採用になった場合も、謙虚な気持ちを忘れずに書く。

❸ 採用担当者のアドレスがわかるならメールでのお礼もOK。

♣ 応用 **内定承諾書をいっしょに返送するときは**

内定通知書の中に、内定承諾書と返信用封筒が同封されていることもあります。その場合は、内定のお礼のあとに「つきましては、内定承諾書をご返送申し上げますので、よろしくご査収《さしゅう》ください」という一文を加えます。返信用封筒に、承諾書とお礼状を入れて送ればOKです。

就職でお世話になったお礼（採用の場合）

本人↓親の知人

拝啓　盛夏の候となりましたが、遠藤様にはご健勝のこととお喜び申し上げます。

さて、このたびは私の就職のために、ひとかたならぬお力添えをいただき、ほんとうにありがとうございました。過日ご報告申し上げましたように面接も無事にすみまして、本日、採用内定の通知をいただきました。厳しい情勢の中で、熱望していた研究部門の仕事につけることになり、感激でいっぱいです。これもひとえに遠藤様のおかげと、心より感謝いたしております。

今後は、遠藤様のご期待に添えるよう、★またご紹介いただきましたご恩に報いるよう、誠心誠意仕事に打ち込む覚悟でおります。

どうか、今後ともいっそうのご指導ご鞭撻のほどをよろしくお願い申し上げます。父からも、くれぐれもよろしくお礼をとのことでございます。

近日中に、あらためてごあいさつに伺う所存でございますが、まずは書中にてご報告と御礼を申し上げます。

敬　具

Point

❶ 就職の世話をお願いしたときは、依頼を引き受けてくれたお礼→経過報告（面接をしたなど）→結果（内定）の報告とお礼、とまめな連絡が必要。

❷ 相手がいたからこそうまくいったという点を強調する。

❸ 用件と相手によっては、お礼状だけでなく、後日あらためて直接お礼に伺う。

★注意点

×「ご迷惑をかけぬよう」

○「ご期待に添えるよう」

今後の決意を述べる際には、「ご迷惑をかけないように」「お名前を汚さないように」などの否定形ではなく「ご期待に添えるよう」「ご恩に報いるよう」という肯定形を使うほうが、前向きで力強い印象を与えます。

就職でお世話になったお礼(不採用の場合)

本人↓先輩

拝啓　朝夕はいくぶん過ごしやすくなってまいりました。

中村様にはお元気でご活躍のことと存じます。

先日は、突然のお願いにもかかわらず、またご多忙の中、私のためにお時間をさいていただき、まことにありがとうございました。貴重なご助言をいただき、心より感謝いたしております。

中村様のような先輩といっしょに仕事ができればと、入社を切望しておりましたが、♣私の力不足によりまして、残念ながら不採用となりました。よい結果をご報告することができず、心苦しく存じております。

正直申し上げて、ショックは大きいのですが、ご指導、ご教示いただきましたことは、今後の就職活動に生かしてまいりたいと存じます。どうぞ今後ともよろしくお願い申し上げます。

末筆ではございますが、中村様のますますのご多幸をお祈り申し上げます。

まずは、書中にてお礼とご報告を申し上げます。

敬具

Poi

❶ OB訪問などで助言を受けた先輩へもお礼と報告を。

❷ 不採用、不首尾のときこそ迅速な報告とお礼が必要。

❸ 後日、就職先が決まったらあらためて報告するとていねい。

♣応用 **不採用・不首尾の理由は謙虚な表現で**

▼ご尽力いただいたにもかかわらず、私の力不足で、今回は不採用となりました。

▼せっかくご紹介をいただきましたのに、私の実力が至らないばかりに、ご期待に添うことができませんでした。

▼いままでの勉強と準備が不足していたことを反省しております。

▼ご好意に応えることができず、申しわけありません。

ビジネスでお世話になったお礼

新規取引先紹介のお礼

本人⬇仕事関係者

♣拝啓　晩秋の候、貴社ますますご隆昌のこととお喜び申し上げます。平素は格別のご高配を賜り、心より御礼を申し上げます。

さて、先日は突然のお願いにもかかわらず、〇〇株式会社様との新規お取引の件でお力添えを賜りましたこと、まことにありがとうございました。さっそく先方の営業部長である村田様をお訪ねしましたが、ごていねいに川島部長からお電話をしていただいた由、あたたかいご配慮に恐縮しております。

先様も、川島部長の仲介なら安心だと快くご引見くださいました。川島部長のご人望の篤さをあらためて思い知った次第でございます。

現在、取引条件を交渉中でございますが、ご厚意に報いるためにも、一日も早く正式契約に到達させる所存でございます。

どうか今後も引きつづきご指導お引き立てのほどをよろしくお願い申し上げます。まずはご報告かたがた御礼まで。

敬具

Point

❶ 正式な結論が出ていなくても、進展があった段階で報告を兼ねたお礼を。

❷ 日ごろからつきあいのある相手にはメールでの連絡でも。

❸ 誠実に対応していることを報告すると相手も安心する。

♣応用

メールでお礼をするときは

メールでは「拝啓」「敬具」、時候のあいさつは省くのが一般的です。あらたまった用件と相手の場合は「平素は格別の……」という感謝のあいさつから始めます。日常的にメールのやりとりをしている相手なら「いつもたいへんお世話になっております」でOK。

出張先でお世話になったお礼

本人↓取引先

昨日、無事に帰京いたしました。

このたびは、お忙しい中、お時間をさいていただき、まことにありがとうございました。おかげさまで、たいへん有意義な打ち合わせができましたこと、心より御礼を申し上げます。

また、♣ご案内いただいた販売店で、地域によって消費者のニーズが違うことを目の当たりにできたのは、たいへんよい経験になりました。やはり、たいせつなのは現場だと再認識した次第です。ぜひとも、この視点を今後の商品開発に生かしてまいりたいと存じます。

さらに、終了後には、ごていねいなおもてなしにあずかり、重ねて御礼を申し上げます。前田部長の含蓄に富んだお話にただ感服するばかりでしたが、私にとってはたいへん充実したひとときで、よい勉強をさせていただきました。

今後もなにかとお世話になることと存じますが、どうぞよろしくご指導のほどをお願いいたします。

まずは書中にて御礼を申し上げます。

Poi

❶ 漠然と「お世話になった」だけではなく、どのようなお世話を受けて、どのようにありがたかったのかを具体的に。

❷ 直前に会った相手へは、時候や安否のあいさつを省いても。

❸ 「ごちそうになった」では直接的すぎるので「おもてなしにあずかり」とする。

♣ 応用 **具体的な事例をあげてのお礼表現**

▼事前の折衝をすませてくださっていたため、たいへん効率的に動くことができました。

▼皆様のご案内のおかげで、スムーズに拠点を回ることができました。

▼順調に商談が進みましたのも、皆様の的確な準備のおかげと感謝しております。

セミナー講師へのお礼（依頼受諾後）

本人➡講師

拝啓　春たけなわの好季節を迎えましたが、山本先生におかれましてはご清祥にお過ごしのこととお喜び申し上げます。

○○株式会社の成田様よりご紹介を受け、研修会の講師のお願いをさし上げました、株式会社□□総務部の斎藤と申します。

このたびは、ご多忙のところ、弊社研修会の講師をご快諾いただき、まことにありがとうございました。

♣先生のご高名はよく存じ上げており、今回、直接お話を伺うことができますことは、私どもにとりましてたいへん有意義な機会と光栄に存じております。研修参加者は、先生の最新のご著作を拝読したうえで、当日に臨む所存でございます。

研修の詳細は別紙のとおりです。

ご高覧いただきまして、ご不明の点などあれば、なんなりとご連絡くださいますようお願いいたします。

近くなりましたら、また確認のご連絡をさし上げますが、まずは書中にて御礼を申し上げます。

敬　具

Point

❶電話で依頼し、受諾の返事を得たあと、企画書を送る際には必ずお礼状を添える。

❷面識のない相手には、冒頭で自己紹介をするのが無難。

❸すばらしい講師の話を聞けるという喜びや期待感を率直にあらわす。

♣応用　**相手の立場・講義内容を称賛する表現**

▼先生の有意義なお話を拝聴できますことを、心待ちにしております。

▼○○の第一人者である先生のお話を伺えますことは、私どもにとりまして望外の喜びでございます。

▼先生のお話を直接伺えるというすばらしい機会を、一同心から楽しみにしております。

セミナー講師へのお礼(終了後)

本人➡講師

拝啓　時下ますますご清栄のこととお喜び申し上げます。

昨日は、お忙しい中、弊社までお運びいただき、有意義なご高話を賜りまして、まことにありがとうございました。

具体例を多くご紹介いただきながらの先生のお話は、たいへんわかりやすかったと、受講者からも大いに好評でございました。特に、お話しいただいた「一流のリーダーに共通する三つの原則」については、すべてが腑に落ちることで、ご慧眼にただ敬服するばかりでございました。先生からご教示いただきましたことは、受講者がそれぞれの部署に持ち帰り、情報を共有しながら今後の仕事に反映させていきたいと考えております。

今回のセミナーにつきまして、ご多忙の中お引き受けいただきましたことに、あらためて感謝いたしますとともに、今後も引きつづきご指導を賜りますよう、どうぞよろしくお願い申し上げます。

末筆ながら、先生のますますのご活躍とご健勝をお祈りいたしまして、◆書中にて御礼申し上げます。

敬具

Poi

❶「わかりやすく参加者に好評」という表現が喜ばれる。
❷話の中で特徴的だったことを具体的にあげながら感想を述べる。
❸研修・セミナーの翌日には投函したいもの。

◆なるほどMEMO

終了後のお礼は必ず自筆で

右ページの「受諾のお礼」は、セミナーの詳細を伝えるという業務連絡を兼ねているため、お礼のメールに企画書を添付して送っても失礼にはあたりません。しかし、「終了後のお礼」は心からの感謝と称賛の気持ちを伝えるのが目的ですから、メールではなく、きちんとしたお礼状として送りましょう。

助言をいただいたお礼

本人↓先輩

山田先輩へ

先日は、♣親身なご助言をいただき、ありがとうございました。あのときは、つい反論めいたことを申し上げてしまいましたが、落ち着いて振り返ってみますと、先輩のおっしゃるとおりだと考えをあらため、反省いたしました。私は、自分の考えだけにとらわれて、相手のことを思いやる余裕を失っていたようです。これからは、もう少し広い度量を持って、周囲に接していこうと思います。

今回の件は、先輩にとっては切り出しにくい話であったと拝察しておりますが、事態を黙認することはできず、また私のことを思えばこその苦言であったのだと、ありがたく思っております。

至らぬところばかりの私ですが、どうかお見捨てなく、今後ともよろしくご指導くださいますようお願いいたします。

このようなことでお電話をさし上げるのも気恥ずかしく、一筆したためることにいたしました。

ほんとうに、ありがとうございました。

堀川

Point

❶ 自分の誤りを正してくれたお礼は、面と向かっては言いにくく、手紙を書くのが有効。

❷ 相手に呼びかけるような書き出しにすると、その後の文章がつづけやすい。

❸ 相手の助言が意に添わないものだったとしても、自分のためにアドバイスしてくれたのだという謙虚な姿勢で。

♣応用 **助言へのお礼表現**

▼ご経験にもとづくご助言が、胸にしみ入りました。

▼アドバイスを受けて発想を転換したら、よい結果につながりました。

▼思いきってご相談してよかったと、心から感謝しております。

会合で知り合った人へのお礼

本人↓仕事関係者

前文ごめんください。

○月○日に○○ホテルで開催された勉強会で、大島様と名刺交換をさせていただきました○○株式会社の岡村でございます。その節は、有意義なお話を承り、まことにありがとうございました。

さっそく、◆貴社のホームページを拝見いたしましたが、時代の先を見据えたさまざまな取り組みをなさっていることをあらためて知り、たいへん感銘を受けました。ぜひ、もっとくわしくお話を聞かせていただきたいと願っております。近日中にあらためてご連絡をさし上げますので、貴社にてご引見いただける機会を頂戴できれば幸いに存じます。

なお、先日お話ししていた折、弊社の新製品にもご興味をお持ちいただいたようですので、資料とサンプルを同封させていただきます。ご意向も伺わずにお送りする失礼をお許しください。

末筆ながら、貴社いよいよのご発展をお祈り申し上げまして、書中にて御礼を申し上げます。

草々

Poi

❶ 会合で知り合った人には、今後につなげるため、お礼状を出すとよい。

❷ 現在はメールでのお礼が一般的だが、資料などとともにお礼状を送れば印象度アップ。

❸ 「ホームページを見た」など、相手の興味を誘うひと言をプラス。

◆なるほどMEMO

相手に興味を持ってもらうには

「お目にかかれて光栄でした」「またお会いしたいです」だけでは平凡で、相手の心に残りません。相手の会社のホームページなどを見た感想、会話の中で印象に残ったフレーズ、相手が必要としている情報などを提供することで、興味を持ってくれるのです。

接待を受けたお礼

本人↓取引先

拝啓　昨晩の雨で、残暑も一段落したような気がいたします。

このたびは、お招きいただき、まことにありがとうございました。

また、送迎に至るまで、こまやかなお心遣いをいただき、重ねて御礼を申し上げます。

昨日の○○（店名）は初めて伺いましたが、なかなか予約のとれない人気店と聞いております。いずれのお料理も、評判にたがわぬすばらしい味で、存分に堪能させていただきました。店内の雰囲気もよく、さすが安西様が選んだ店と感服した次第です。

貴業界の情勢を伺えたことも大きな収穫でした。長年お取引をさせていただいていても、知らないことが数多くあるということを、あらためて認識いたしました。超高齢化社会を迎えるにあたり、当業界でも問題が山積しています。今後も、情報交換を密にして、相互理解を深めさせていただきたいと存じますので、どうぞよろしくお願いいたします。

♣まずは一筆御礼のみにて失礼をいたします。

敬　具

Point

❶「接待」「ごちそう」などの直接的な表現は避ける。

❷印象に残った話題を具体的にあげながらお礼を述べる。

❸自分が上の立場で接待を受けた場合も「これからもお互いに情報交換を」と謙虚に。

♣応用　**立場によって結びをアレンジ**

▼次回は当方でセッティングしたいと存じますので、その節はよろしくお願いいたします。（相手と対等の場合）

▼今回はお言葉に甘えましたが、近いうちにお返しの席を設けたいと存じます。（次回はこちらが接待する場合）

▼今後とも親しくおつきあいのほどよろしくお願いいたします。（相手が目下の場合）

接待を受けていただいたお礼

本人→取引先

拝啓　早秋の青空が広がっております。

昨日は、お忙しい中、貴重なお時間をさいていただき、まことにありがとうございました。

仕事の場とはまた違った雰囲気の中で、楽しく食事をさせていただき、実に有意義なひとときでした。

いつものことながら、金田社長の♣見識あるお話を拝聴しておりますと、時間がたつのを忘れてしまいます。特に昨晩は、貴社創業時の逸話なども伺うことができ、たいへん勉強になりました。時代が大きく変化する中で、着実に発展をつづけてきた貴社の経営哲学の一端にふれられたような思いです。遅くまでお引き留めしてしまい、お疲れが出たのではと恐縮しております。

今後も引きつづきご厚誼を賜りますとともに、折にふれてのご指導のほど、どうぞよろしくお願い申し上げます。

略儀ではございますが、まずは書中にて御礼を申し上げます。

敬具

Poi

❶ 忙しい相手が応じてくれた場合は、接待側からお礼状を。

❷ 面会・商談に応じてもらった場合にも使える文例。

❸ 食事は自分側が提供したものなのでほめる表現を控えめにし、相手の知識や見識を称賛する言葉を主体にする。

♣応用　相手の話の内容を称賛する表現

▼識見《しきけん》に富む○○様のお話を伺い、感服いたしました。

※識見(見識)とは、物事を正しく判断・評価する力。

▼○○様の博識には、いつも驚嘆してしまいます。

※博識とは、広く物事を知っていること。同様の意味の「物知り」は、目上に対しては失礼な表現なので避ける。

転職・退職でお世話になったお礼

退職して故郷にUターンするときのお礼

本人⬇取引先

拝啓　深緑の候となりましたが、高木様にはご清祥にお過ごしのこととお喜び申し上げます。

♣さて、私こと突然ではございますが、五月末日をもちまして○○株式会社を退社することになりました。三年前より貴社を担当させていただきましたが、昨年ごいっしょしたイベントをはじめ、高木様にはひとかたならぬご指導ご支援をいただき、心より御礼を申し上げます。

今後は、後任の富井という者が担当させていただきます。後日、あらためて本人からごあいさつさせていただきますが、従前にましてのお引き立てをどうぞよろしくお願い申し上げます。

なお、当方に関しましては、六月より故郷の熊本県に戻りまして、実家が営む店で修業することとなりました。

これまでのご厚誼に心より感謝しつつ、略儀ながら書中をもちましてごあいさつ申し上げます。

敬具

Point

❶ 退職の報告→後任について→自分の今後の順に書く。

❷ 家業を「継ぐ」ではなく「修業する」「携わる」が好印象。

❸ 家庭の事情は理解を得やすいのでそのまま書いてOK。

♣応用 **はがきに印刷する場合は**

傍線のあとを、「五月末日をもって○○株式会社を円満退社し、故郷○○に戻り、家業に携わることになりました。在勤中は公私にわたり格別のご高配を賜り、心より御礼を申し上げます。今後ともご指導ご鞭撻のほどをよろしくお願いいたします」とすれば、広範囲に対応できます。

転職するときのお礼

本人⬇知人（はがきに印刷）

拝啓　紅葉の候、ますますご清栄のこととお喜び申し上げます。

さて、私儀、❤十月末日をもちまして○○株式会社を円満退社し、株式会社□□に勤務することになりました。

○○株式会社在勤中は、公私ともに格別のご高配を賜り、心より感謝いたしております。学ぶところの多い仕事と、あたたかい上司同僚に恵まれ、充実した十年でございました。

新しい環境におきましても、これまでの経験を生かし、社業発展のために寄与したいと願っております。

なにとぞ、従前と変わらぬご指導ご支援を賜りますよう、心からお願い申し上げます。

末筆ながら皆様のご多幸をお祈りし、書中をもちまして御礼かたがたごあいさつを申し上げます。

敬具

（自宅住所・名前）

（新勤務先社名・所在地など）

Poi

❶ あいさつ状準備のほか、仕事の引き継ぎや、取引先へのあいさつを怠りなく。

❷ 前の会社への感謝の念を主体に文章をまとめる。

❸ 退社後2週間以内をめどにあいさつ状を発送する。

❤マナー **取引先へのあいさつは遅くても退職の一週間前に**

近年は、急な退職がふえているという事情もあり、退職のあいさつを手軽なメールですませることも珍しくありません。しかし、取引先へは、退職が決まったら口頭で伝え、遅くとも退職日の1週間前までには、後任者の名前と、自分の新しい連絡先を添えてあいさつするという時間的な余裕がほしいものです。

定年退職するときのお礼

本人⇩知人（はがきに印刷）

◆拝啓　清秋の候　ますますご健勝のこととお喜び申し上げます　さて　私こと

このたび　九月末日をもちまして○○株式会社を定年退職いたしました　四十二年の長きにわたり　皆様には公私ともにひとかたならぬご厚情を賜り　まことにありがとうございました　おかげをもちまして　大過なく今日まで職責をまっとうすることができました

今後は　しばらく休養したのち　時期を見まして社会に恩返しができるようなボランティア活動に従事したいと考えております　なにとぞ今後とも変わらぬご指導ご厚誼を賜りますよう　よろしくお願い申し上げます

末筆ながら皆様のご健勝とご多幸をお祈り申し上げまして「卒業」のごあいさつとさせていただきます

敬　具

令和○年十月吉日

（自宅住所・名前）

Point

❶ 儀礼的な文書は、句読点を用いないことが多い。

❷ 退職後の予定や意気込みを簡潔に書く。

❸ 退職後2週間以内をめどに発送する。

◆なるほどMEMO

儀礼文書に句読点をつけない理由は

句読点は、明治時代に使われるようになった「子どものために文章を読みやすくする記号」です。常識ある大人に対して、子ども用の記号を使うのは失礼という理由で、冠婚葬祭やあいさつ状などの儀礼文書には、句読点を使わないのが慣例になっています。しかし、手書きの手紙では、儀礼的な内容でも句読点をつけるほうが読みやすいものです。

定年退職する人へのお礼

本人→退職者

とうとう、山口さんのご卒業の日がやってきてしまいました。

お元気でこの日を迎えられましたことを、お喜び申し上げます。

山口さんには、長年にわたり、熱心なご指導をいただき、まことにありがとうございました。

思い起こせば、建設業界の右も左もわからなかった私に、ときには厳しく、ときにはあたたかい励ましの言葉をかけてくださいました。できの悪い部下を辛抱強く見守り、そして育ててくださった山口さんには、ほんとうに言葉であらわせないほど感謝しております。
◆山口さんがいらっしゃらなければ、私はとうの昔にこの道をあきらめてしまっていたでしょう。このご恩は、一生忘れません。
これからも、山口さんに教えていただいたことを反芻しながら、ご期待に添えるように仕事に励んでまいります。

長い間、ほんとうにお疲れさまでした。

正直申し上げると、寂しく不安な気持ちもありますが、山口さんの今後のご健康と、ご多幸を心よりお祈り申し上げます。

Poi

❶ 退職する人にお礼状を書くことは必須ではないが、それだけに受けとる側はうれしい。
❷ 手紙の形式にこだわらず、語りかけるように書くほうが、気持ちは伝わる。
❸ 上司に対しては指導の感謝を、立場が近いならねぎらいの言葉を主体に。

◆ なるほどMEMO

「後進のために役立てた」と感じてもらおう

退職者が、いちばんうれしいのは部下や後輩から「あなたがいたから私は成長できた」「あなたがいなければ、つづけられなかった」など、オンリーワンの存在だったと言われることです。お礼状を書くときはこの点を意識して強調しましょう。

結婚に関してお世話になったお礼

結婚退職するときのお礼

本人↓仕事関係者

◆おだやかな初春となりましたが、皆様にはますますご健勝のこととお喜び申し上げます。さて、私事ではございますが、昨年末をもちまして、十年間勤務した○○株式会社を退職いたしました。在職中は、ひとかたならぬお世話になり、ほんとうにありがとうございました。至らぬところを皆様にフォローしていただきながらの会社員生活でしたが、心地よい雰囲気の職場に恵まれ、充実した十年間を過ごすことができました。

実は、この四月に結婚し、相手の赴任先である大阪に転居する予定です。いままでに得た貴重な経験を、今後は家庭の中で生かしてまいりたいと考えております。

今後もご指導のほどをよろしくお願いいたします。

末筆ではございますが、皆様のご多幸とご健勝を心よりお祈りいたしまして、ごあいさつとさせていただきます。

かしこ

Point

❶結婚退職するときは、3カ月前までには上司に口頭で報告。

❷担当している取引先などへは、事前に退職の予告を行い、後任者に引き継ぎをしておく。

❸紋切り型の儀礼的な文章より、現在の心境を率直に語る文面のほうが、好感が持てる。

◆なるほどMEMO

あえて一般的な退職あいさつ状にしても

結婚を機に退職する女性が少ない職場環境では、「結婚するからやめる」という印象を与える表現は反感を買うことがあります。この場合は、一般的な退職あいさつ状(文例は136ページ)の形式にするほうがよいでしょう。

交際相手を紹介してもらったが断るときのお礼

本人↓知人

前文ごめんください。

このたびは、私のためにお心遣いをいただき、まことにありがとうございました。いつも、お気にかけてくださっていますことを、ほんとうにうれしく存じております。

せっかくよいお話をいただいたのに申しわけないのですが、今回はご辞退申し上げたく、とり急ぎお便りをさし上げます。

なにぶんにも未熟な身で、いまはまだ仕事に全力を傾ける時期だと思っております。勤務時間や休日も不規則ですので、仮に家庭を持ったとしましても、♣相手のかたを幸せにする自信がございません。

ご好意を無にするようで、まことに心苦しく存じますが、事情をご賢察いただければ幸いです。相手に対して不満があるというようなことでは、決してございません。先様には、どうかよろしくおとりなしくださいますよう、伏してお願い申し上げます。

お世話をいただきましたことに心より御礼を申し上げまして、身がってながらおわび申し上げます。

草々

Poi

❶断りは明確に、しかし相手の心遣いへのお礼を忘れずに。
❷断る理由はあくまでも自分の側にあるとする。
❸手紙という「形」にすることで、仲介者が断りの返事を伝えやすくなるメリットも。

♣応用 断りの理由の伝え方

▼たいへんご立派なかたと存じますが、そのぶん私には身に余るお話で、将来を考えると荷が重く感じられます。
▼当面結婚を考えておらず、相手のかたとお会いするのは、かえって失礼なことと存じますので、お許しください。
▼すばらしいお相手と存じますが、当方とは釣り合いがとれないように思います。

結婚（交際）のあいさつに伺ったあとのお礼（好感触）

本人（女性）⬇相手の両親

昨日は、お忙しい中、また貴重な休日にお時間をいただきまして、まことにありがとうございました。

浩平さんのご両親に初めてお目にかかるということで、前日から緊張しておりましたが、あたたかくお迎えいただき、リラックスしてお話をすることができました。♣お二人のご配慮に、心から感謝しております。

また、浩平さんとの結婚（交際）をお許しいただき、あらためて御礼を申し上げます。ご両親が案じていらっしゃる私の転勤の問題につきましては、できるだけご意向に添えるように、職場の上司と話し合ってみるつもりです。

何かと至らぬ未熟者ではございますが、どうか今後ともご指導いただきますよう、心よりお願い申し上げます。

向寒の折から、おかぜなど召しませぬように、くれぐれもご自愛くださいませ。

まずは書中にて御礼を申し上げます。

かしこ

Point

❶ 結婚（交際）を許されたからといって急になれなれしくせず、節度を保った表現にする。

❷ あいさつの席上、先方の両親が心配していることや結婚（交際）の条件があれば、前向きに調整すると伝える。

❸ 結婚あいさつの場合は、次の段どりについてふれて結ぶ。

♣ 応用 **相手の両親への感謝の表現**

▼お二人の仲むつまじいごようすを拝見し、ご両親のようなあたたかい家庭を築いていければと強く思いました。

▼お言葉に甘え、食事までごちそうになってしまい、恐縮しております。

▼快くお認めくださり、感謝の気持ちでいっぱいです。

結婚のあいさつに伺ったあとのお礼（不結果）

本人（男性）⬇相手の両親

拝啓　時下ますますご清栄のこととお喜び申し上げます。

先日は、ご多用中にもかかわらず、お目にかかる機会を設けていただき、ほんとうにありがとうございました。

このようなごあいさつに伺ったのは、当たり前ながら生まれて初めてのことでした。当日は緊張のあまり、うまく私の気持ちをお伝えすることや、現在の状況を的確にご説明することができなかったと猛省しております。失礼のほど、なにとぞお許しください。

ご両親からご指摘を受けましたように、まだ社会的な経験も浅い若輩者でございます。♣至らぬところばかりの私ですが、春奈さんにふさわしい男性になれるよう、精進を重ねていく所存です。まことに勝手ではございますが、しばらくはあたたかくお見守りいただき、ご指導くださいますよう、伏してお願い申し上げます。

末筆ではございますが、ご両親様のますますのご健勝をお祈りいたします。

まずは書中にて、心より御礼を申し上げます。

敬具

Poi

❶結婚を反対された、微妙な雰囲気だったなど、うまくいかなかったときこそ、お礼状で「次につなげるアクション」を起こす。

❷「至らぬ私ですが、今後精進します」の謙虚な姿勢で。

❸結婚の許しが出ないうちは「お父さん」「お母さん」などとは呼ばないこと。

♣ 応用 **イメージ挽回のための表現**

▼ご両親に認めていただけるような人物になれるよう努力しますので、今後ともどうぞよろしくお願いいたします。

▼これまで以上に仕事に精励してまいりますので、今後もご指導ご鞭撻のほどをよろしくお願い申し上げます。

披露宴出席のお礼（主賓へ）

夫婦連名➡恩師

拝啓　日増しに秋の深まりを感じる今日このごろでございますが、阿部先生には、ご壮健にお過ごしのこととお喜び申し上げます。

さて、先日は、私どもの結婚披露宴に際しまして、♥お忙しい中ご来臨賜り、さらにはお心のこもったご祝詞とお祝いをいただきまして、まことにありがとうございました。

列席者は友人や同僚が主体で、規模も小さなパーティでしたので、先生をお招きしては、かえって失礼にあたるのではないかとためらっておりました。しかし、先生のご祝詞をいただきましたことで、なごやかな中にも品格のあるひとときになったと、ほんとうにうれしく思っております。先生から教訓としていただきました◆「結婚生活は長い会話である」という言葉を胸に刻み、コミュニケーションをたいせつにしたあたたかい家庭を築いていこうと思っています。

先生には、今後ともご指導のほどどうぞよろしくお願い申し上げます。

まずは略儀ながら書中にて御礼申し上げます。

敬具

Point

❶ 披露宴であいさつ・スピーチを行ってくれた主賓来賓には後日お礼状を出す。

❷ スピーチで印象に残った言葉などを具体的にあげながら。

❸ 相手がいてくれたから雰囲気がよくなったなどの感想も。

♥マナー **主賓クラスへは披露宴当日「お車代」を**

1万～2万円（遠方の場合、プラス交通費・宿泊費）を「お車代」として披露宴当日に渡すことが多いので、会場担当者などに確認・相談します。

◆なるほどMEMO **「結婚生活は長い会話である」**

ドイツの哲学者、ニーチェの言葉。一方的に話すのではなく、互いの話に耳を傾けながらの「会話」が重要という意。

結婚祝いをいただいたお礼(出席しなかった人へ)

本人(女性)⬇夫の親戚

青葉が目にまぶしい季節となりましたが、
ご家族の皆様にはおすこやかにお過ごしのこととお喜び申し上げます。

このたびの私どもの結婚にあたりましては、♥あたたかいお祝いの言葉と、過分なお心遣いをいただきまして、まことにありがとうございました。

生まれたばかりのお子様がいらっしゃるとのことで、披露宴でお目にかかれなかったのは残念でしたが、帰省の折に、あらためてごあいさつを申し上げたいと存じます。

これからは、結婚生活の先輩としても、いろいろアドバイスをいただければ幸いです。

心ばかりの内祝を別便にてお送りいたしましたので、お納めくださいませ。

お忙しい毎日と存じますが、どうぞお体には十分にお気をつけください。

まずはお手紙にて御礼を申し上げます。

かしこ

Poi

❶ 披露宴に欠席でお祝いをいただいた人へは、内祝品を送る。
❷ 品物だけを送りっぱなしにせず、お祝いをいただいたお礼の手紙を必ず添える。
❸ 既婚者へは「結婚生活の先輩としての助言を」とお願いするとまとまりがよくなる。

♥マナー

祝電をいただいたときは

欠席の親戚からは、披露宴会場に祝電が届けられることも多いもの。親戚間で「あの人は来ていない、どうしたんだろう」と思われていることもあるので、席上、祝電披露をするとよいでしょう。また、お礼状でも「そのうえ、ごていねいな祝電までいただき」と祝電についてふれること。

結婚祝いをいただいたお礼（披露宴を行わなかったとき）

本人→知人

拝啓　梅雨明けも間近となりましたが、松浦様にはお変わりなくお元気でお過ごしのことと存じます。

このたびはお心のこもったお祝いをお贈りいただき、ありがとうございました。♣夫も私も親戚が遠方におりますため、両親と私どもだけで食事会をすることをけじめとして、結婚いたしました。

皆様にご披露の席を設けず、失礼なことと思っておりましたのに、このようなごていねいなお心遣いをいただき、恐縮しております。

新婚旅行はヨーロッパに行ったのですが、旅先で求めました品を、ささやかな内祝のしるしとしてお納めいただければ幸いです。

未熟な私どもではございますが、二人で力を合わせて、明るい家庭を築いていければと願っております。どうか今後ともご指導のほどをよろしくお願い申し上げます。

末筆ながら、松浦様のますますのご健勝とご多幸をお祈り申し上げます。

まずは書中にて御礼とさせていただきます。

敬具

Point

❶ 入籍だけの結婚が悪いわけではないが、お祝いをいただいた人へは「おわび」のニュアンスを込めると好印象。

❷ 形式にとらわれない結婚の場合は、新婚旅行のおみやげを内祝にするという方法も。

❸ 今後の決意と、指導のお願いをきちんと述べて結ぶ。

♣応用　**披露宴を行わない、または招待しなかったとき**

▼身内だけで挙式披露宴を行いましたので、ご招待できず申しわけありませんでした。

▼遠方ですので、お招きするのを遠慮しておりましたが、あたたかいお言葉でお祝いいただき、感激しております。

▼お披露目の機会を設けず、たいへん失礼いたしました。

親が送る、子どもの結婚祝いへのお礼

新婦（新郎）の母親➡親戚

紅葉黄葉が秋の光に輝く季節を迎えましたが、皆様にはますますご健勝にお過ごしのこととお喜び申し上げます。

さて、このたびは長女みゆきの結婚に際しまして、ご丁重なご祝詞と過分なお祝いを頂戴いたしまして、まことにありがとうございました。両名ともども、心より感謝いたしております。

新生活は、拙宅近くの部屋で♥スタートさせました。みゆきは、当面は仕事をつづけたいとのことで、忙しい毎日になりそうです。

奈津美様のように、仕事と家庭を見事に両立させていらっしゃる姿に憧れているようですので、ぜひ折にふれてご助言をいただければ幸いに存じます。

なお、本日、心ばかりの内祝の品を別便にてお送り申し上げましたので、お納めくださいますようお願いいたします。

本来ならば、両名を同道してごあいさつ申し上げるべきところ、まことに略儀ではございますが書中にて御礼を申し上げます。

かしこ

Poi

❶ 地域によっては、親が内祝を担うしきたりもある。

❷ 親が親しくしている人からのお祝いには、新郎新婦だけでなく、親からもお礼状を出すとていねい。

❸ 親しい相手には、新生活の近況なども報告するとよい。

♥マナー **お礼状でも忌み言葉に注意**

結婚祝いのスピーチなどでは「切れる」「戻る」「重ねる」などは、縁起の悪い忌み言葉としてタブーとされています。お祝いへのお礼状でも同様です。「スタートを切る」「新婚旅行から戻る」「重ね重ね御礼申し上げます」などの表現をうっかり使わないように注意しましょう。

もてなしを受けたお礼

ごちそうになったお礼　本人↓先輩

昨日は、ほんとうにありがとうございました。

素材の味が生きたお料理の数々を、存分に楽しみました。グルメな早織さんのセレクトらしい、すてきなお店でしたね。

久しぶりにお会いしたいとご連絡したのは私のほうでしたのに、お店の予約をおまかせしたばかりか、すっかりごちそうになってしまい、申しわけなく思っています。

先輩とお話ししていると、よい刺激を受けてたいへん勉強になりますし、自分が前向きな気持ちになるのがわかります。私にとって早織さんは、ほんとうにかけがえのない先輩です。

これからもいろいろ教えていただきたいので、次回はぜひ私に◆「授業料」を持たせてくださいね。

また近いうちに、ご連絡をさせていただきます。

もう一度、ほんとうにありがとうございました。

Point

❶ 親しい相手には「ありがとう」で始め、再度「ありがとう」と繰り返して結ぶ方法も。
❷ 料理の味や雰囲気がよかったことを具体的な表現で伝える。
❸ 「高かったでしょう」など値段のことを書くのは控える。

◆なるほどMEMO

目上の人に「おごります」はNG

「おごります」あるいは「ごちそうします」は「上から目線」を感じさせる表現なので避けます。目上の人には「いつもごちそうになってばかりなので(〇〇の件のお礼をしたいので)、次回は私に持たせてください」とするのが、上品な表現です。

旅先でもてなしを受けたお礼

本人↓知人・友人

このたびの旅行中は、たいへんお世話になりまして、ほんとうにありがとうございました。昨晩、無事に帰宅いたしました。

久々にお目にかかって、ゆっくりお話しすることができ、たいへん楽しいひとときを過ごすことができました。

御地でおすすめのお店を教えていただこうと、軽い気持ちで連絡させていただきましたのに、ごていねいなご案内をいただいたばかりか、すっかりごちそうになってしまい、身の縮む思いをしております。ただ、旅行者ではなかなか訪れることのできない名店を経験できましたことは、今回の旅のいちばんの思い出となりました。

小田様は、最近、日本酒がお好きと伺いましたので、当地の蔵元の品を、ささやかなお礼のしるしにお送り申し上げます。◆手前みそになりますが、○○川の伏流水で仕込んだ寒造りで、地元ではなかなか評判がよいようです。

今度は、ご家族でこちらにもお出かけください。また近々お目にかかれるのを楽しみに、まずは一筆御礼申し上げます。

Poi

❶ 地元の人ならではの案内や店選びの心遣いのおかげで、旅がいかに楽しかったかという喜びと感謝を主体に。

❷ 地元の名産品については、さりげないPRを添える。

❸「次はこちらへ」と、今後につなげる言葉で結ぶ。

◆なるほどMEMO **親しい人へは「つまらないものですが」以外の表現を**

お礼の品などを贈るときの決まり文句に「つまらないものですが」があります。しかし、親しい相手に対して過度な謙遜は不似合いです。「こういう点が地元では人気です」「私の好物で、お口に合えばうれしいのですが」など、自分が気に入ったものを贈るという表現のほうが好まれるものです。

自宅に招待されたお礼

夫婦連名➡友人夫妻

昨日は、家族でお招きいただき、ありがとうございました。

ご新居を拝見するだけでおいとまするつもりでしたのに、思いがけず奥様のお心のこもった手料理まで頂戴してしまい、恐縮しております。

どのお料理もおいしくいただきましたが、ご主人の自慢の一品という絶妙な火の通りのローストビーフと、お嬢様がお手伝いなさったというキッシュは、特に絶品でした。♣ご家族様の仲のよさが、そのままあらわれているようで、到底まねのできない味わいでした。

そのうえ、お言葉に甘えてあと片づけもお手伝いせずに失礼し、お疲れが出たのではないかと案じております。

次回は、わが家にもぜひいらしてください。古い家で、料理の腕にも自信はありませんが、気候がよくなってきましたので、庭でバーベキューなどいかがでしょうか。

後日、あらためてお誘いのご連絡をいたします。本日は、すばらしいおもてなしに感謝しつつ、まずはお礼のみにて。

Point

❶ 料理やインテリア、会話、雰囲気など、印象に残った点を具体的にあげて感想を書く。

❷ 料理や酒などの「モノ」だけでなく、おもてなしの「心」に感謝することを忘れずに。

❸ 準備やあと片づけなど、前後の手間や苦労も思いやって。

♣ 応用

おもてなしの気持ちをたたえる表現

▼子どもにも、あたたかい心配りをしていただき、そのおやさしさに感じ入りました。

▼皆様との語らいが楽しくて、つい時間を忘れ、長居してしまいました。

▼○○様のような行き届いたおもてなしはできませんが、拙宅にもぜひ遊びにいらしてください。

観劇に招待されたお礼

本人↓甥夫妻

雅人さん、恵さん、このたびはお芝居へのご招待をありがとうございました。

昨晩、姉と妹との「熟女軍団」で、○○座に行ってまいりました。姉妹そろって出かけるなんて、めったにないことで、若いころに戻ったようにはしゃぎ。「何を着て行く?」とウキウキしながら悩むのも久しぶりのことで、結局三人とも和服を着て繰り出しました。

お席がまたとてもいいところで、俳優さんたちの表情もはっきり見えましたし、迫力ある演技を存分に堪能することができました。人気の舞台だけに、ご手配がたいへんだったのではないでしょうか。

知子姉さんだけでなく、私や妹のことまで、いつもお心にかけてくださり、ほんとうにありがたいことと思っています。

◆恵さんのこまやかなご配慮にふれるたびに、雅人さんは幸せ者だなとつくづく思います。私も、娘たちに「少しは恵さんを見習いなさい」と言っているほどです。

やさしいお心遣いへの感謝を込めて、まずはお礼まで。

Poi

❶相手が年下の場合は、親しみを込めて、会話体など少しくだけた表現を使っても。

❷観劇や旅行に招待された場合、相手が同行していないときは、席や舞台の内容、部屋、料理などについて、報告を兼ねて具体的にお礼を述べる。

❸金銭的な負担への恐縮より「気持ち」への感謝を主体に。

なるほどMEMO

親戚へのお礼は血縁者より配偶者を優先

文例は、血縁者の甥とその妻あてのもの。仮に、甥がもてなしを計画したのだとしても、お礼は、配偶者である妻に向けるつもりで書きます。相手の配偶者を称賛することは、相手を直接ほめるよりずっと効果的です。

家族がお世話になったお礼

子どもを預かってもらったお礼

子どもの母親➡近所の知人

昨日は、突然のお願いにもかかわらず、快く朱里を預かってくださいまして、ほんとうに助かりました。急な所用で出かけなくてはならなくなったものの、小さい子どもを連れていけるような場所でもなく、困り果てておりました。♣ご迷惑をおかけすることを重々承知で、思いきってお願いしてしまいましたが、出先で「なんて厚かましいことを」と悔やんでおりました。帰宅したときに、岡田さんが「いい子にしていたわよ、またいつでもどうぞ」とあたたかく迎えてくださり、どれだけ救われたか、わかりません。

ご近所に岡田さんのように信頼できるかたがいらして、私は幸せ者です。岡田さんも、私でお役に立てるようなことがあれば、いつでも、なんでもおっしゃってくださいませ。

気持ちばかりの品ですが、ご親切へのお礼のしるしです。

ほんとうにありがとうございました。

堀井

Point

❶ 交互に預け合い、「返礼品なし」の約束をしている場合以外は、そのつどお礼の品を。

❷ どれほど助かったか、うれしかったのかを率直につづる。

❸ 「次は私が」と申し出るのを忘れない。

♣ 応用

子どもを預かる相手の負担を思いやる表現

▼まだ手のかかる年齢なので、いろいろごめんどうをおかけしたのではないかと思います。

▼お言葉に甘えて、食事までごちそうしていただき、恐縮しております。

▼わがままな子ですので、ご迷惑をおかけしたのではないかと案じております。

子どもをキャンプに連れて行ってもらったお礼

子どもの母親⬇ママ友

このたびは、ほんとうにお世話になり、ありがとうございました。

昨日は、帰ってきてからずっと、炭火で焼いたお肉がとてもおいしかったこと、夜にヘッドランプをつけて歩いてドキドキしたことなど、思い出を次から次へと話してくれました。

実は、キャンプがお好きな健太くんのお宅を以前からうらやましがっていて、息子から、行ってみたいとねだられていました。夫はアウトドアが苦手なものですから、なかなか実現できずにいたところにお誘いをいただき、ほんとうにうれしかったのです。

子どもどうしが約束したので、とのお話でしたが、息子が、ごいっしょしたいと言ったのでしょう。図々しくてお恥ずかしいのですが、おかげさまで、たいへん貴重な経験をさせていただきました。

ごめんどうをおかけいたしましたが、どうぞこれからもよろしくおつきあいくださいませ。ささやかなお礼のしるしに、★健太くんがお好きなフルーツを少々お届けいたします。皆様でお召し上がりくださいませ。まずは、一筆お礼まで。

Point

❶食事や宿泊を伴うお世話になったときは、親しい間柄でもお礼品をさし上げる。

❷誘われたとしても「こちらが言い出したのだろう」という謙虚な姿勢で。

❸子どもが喜んでいたようすを具体的に伝える。

★注意点 **食品をさし上げるときはアレルギーなどに注意**

子どもが世話になったときのお礼は、果物やお菓子が定番です。ただ、子どもにアレルギーがあったり、親が添加物などへのこだわりがあったりするケースも珍しくありません。場合によっては「○○を少しお持ちしようと思うのですが、よろしいでしょうか?」という事前の確認が必要です。

子どもが入試に合格したお礼

子どもの母親➡家庭教師

長谷川先生

その後、お元気にお過ごしのことと存じます。息子自身から お電話をさし上げたことと思いますが、本日、第一志望だった○○高校の発表があり、おかげさまで無事に合格いたしました。

先生の母校でもある○○高校への大きな憧れはあったものの、当初は無理な高望みだと思っておりました。◆先生の、ていねいで適切なご指導を受けていなければ、この喜びの日を迎えることはできなかっただろうと、親子ともども心から感謝いたしております。

家庭教師というお役目は、いったん区切りがつきましたが、これからも息子のよき先輩として、信頼できる相談相手として、ご指導いただければ幸いに存じます。

いままでの感謝の気持ちを込めまして、心ばかりの品をお送り申し上げますので、ご受納くださいますようお願いいたします。

末筆ながら、先生のますますのご健勝とご活躍をお祈りいたしまして、書中にて御礼申し上げます。

かしこ

Point

❶お礼状やお礼品は必須ではないが、親身になってくれた指導者には、感謝を伝えたい。

❷年下の相手でも、立場は先生。礼儀正しい手紙にととのえる。

❸今後の指導や助言を願う言葉で結ぶ。

◆なるほどMEMO

二重否定を効果的に使う

たとえば「急がなければ間に合わない」は、二重否定(否定×否定)で肯定、つまり「急げば間に合う」という意味です。二重否定の文章はくどくなるので避けるほうがよいのですが、お礼状では「あなたがいなければ、○○はできなかった」という文章構造にすることで、相手の恩恵を強調する効果が生まれます。

習い事をやめるときのお礼

子どもの母親➡習い事の先生

向暑の候となりましたが、先生にはご清祥にお過ごしのこととお喜び申し上げます。

さて、先日、娘からもご相談させていただきましたが、♥六月いっぱいで、いったんレッスンを休止させていただきたいと存じます。

ようやく音楽の奥深さがわかりかけてきたところですので、親としても残念です。ただ、来春には受験が控えておりますため、親子で話し合い、いまは勉学に集中しようということになりました。

先生には、親指だけの「ドのおけいこ」の段階から、やさしく熱心にご指導いただき、ほんとうに感謝しております。

いずれ、ピアノを再開したいと考えるときもあろうかと存じます。その節は、またどうぞよろしくお願いいたします。

ささやかですが、これまでのご指導へのお礼の気持ちを別便にてお送りいたしましたので、ご笑納くだされば幸いです。

先生のますますのご健勝と、教室のさらなるご発展をお祈り申し上げまして、まずは御礼を申し上げます。

かしこ

Poi

❶「やめる」という表現はきついので「いったん休止」などソフトな印象の言葉を使う。

❷個人レッスンの場合は、相手が気を悪くしないよう、相応の理由を説明する。

❸今後の人間関係に悪影響を与えないようていねいに。

♥マナー **当日「やめます」とフェイドアウト退散はNG**

習い事をやめるのは言い出しにくく、「きょうでやめます」といきなり宣言したり、黙って行かなくなったりする「フェイドアウト」も、現実には多いものです。しかし、本来は決心したら早めに伝えるべきことです。心ある講師なら、残りの回数を有益に使うプランを考えてくれるはずです。

親がお世話になっていた介護施設へのお礼

本人（入所者の子）➡施設担当者

○○ホームの皆様へ

突然のお便りで失礼いたします。私は、昨年末まで貴施設に入居しておりました山川静江の娘で、太田美紀子と申します。

昨年末、□□病院に入院し、加療をつづけておりましたが、去る○月○日に老衰のため息を引きとりました。残念なことではありますが、家族に見守られ安らかに旅立ったことを慰めにしております。

貴施設に入居中はたいへんお世話になり、あらためて御礼を申し上げます。私どもは仕事のため頻繁に訪問することができず、心苦しく思っておりましたが、折にふれて母のようすをお知らせいただき、感謝しております。母からも、職員の方に髪を切ってもらったことや行事が楽しかったことなどを聞いており、安心してお任せしておりました。皆様から、親切で行き届いた介護を受けた母の晩年は、幸せだったと思っております。

◆気持ちばかりですが、母からのお礼としてお受けとりいただければと存じます。ほんとうにありがとうございました。

かしこ

Point

❶ 施設を退所扱いにしてから病院に入院して死去した場合は、施設に訃報は届かない。
❷ 故人も喜んでいたと伝える。
❸ 看護・介護の現場では、行き届いた／手厚い／親身／親切などの感謝表現が喜ばれる。

なるほどMEMO　介護施設へのお礼の品

生前は受けとらない規則があっても、入居者の退所後は容認される場合があるので、事前に確認を。スタッフ全員に行き渡る飲み物や、保存のきくお菓子が喜ばれます。そのほか、未使用の紙おむつやタオルなどを寄付する方法も。ただし、形に残る手紙で感謝の意を伝えるのが最上で、お礼品は必須ではありません。

ペットがお世話になった動物病院へのお礼

本人(飼い主)➡獣医・動物看護師

高橋動物病院の皆様へ

突然のご連絡を失礼いたします。貴院でお世話になっておりました、トイプードルのチョコの飼い主、橋本です。

老犬とはいえ、元気に過ごしておりましたが、○月○日、静かに「虹の橋」のたもとへ向かいました。十八歳の誕生日まで、あとわずかという日の旅立ちでした。

高橋先生をはじめ、病院の皆様には、ほんとうにお世話になりましてありがとうございました。腸炎を起こした際に入院させていただいたり、ワクチン注射をいやがるチョコを抱きかかえて注射していただいたりと、適切な診療とお心のこもったケアを受けたことは、懐かしくもありがたい思い出になっています。

実は、貴院から処方された未使用の目薬とフードが残っております。ご都合を伺わず失礼とは存じますが、お送りいたします。なにかのお役に立てば、チョコもうれしく思うことでしょう。

これまでお世話になりました感謝を込めて、ご連絡申し上げます。

Poi

❶ 報告とお礼は必須ではないが、かかりつけの動物病院などには連絡しておきたい。
❷ あまり感傷的にならず、報告モードの節度を保つ。
❸ 物品の寄付の可否は、できれば事前に確認しておく。

◆なるほどMEMO

動物愛好家が癒される詩『虹の橋』(第一部)

原作者不詳の英詩。天国の手前には「虹の橋」があり、死んだ動物たちは橋のたもとで仲間と元気に遊んでいる。やがて月日がめぐり、飼い主を見つけた動物は喜び勇んで駆け寄り、いっしょに虹の橋を渡っていく――という内容から、動物の死の言いかえとして「虹の橋のたもとへ向かう」の表現を使うことがあります。

好意を受けたときのお礼

身元保証人になってもらったお礼

本人↓親戚

拝啓　早春のみぎり、ますますご健勝のこととお喜び申し上げます。

さて、このたびは突然のお願いにもかかわらず、私の就職の際の身元保証人をお引き受けいただき、まことにありがとうございました。入社後は、万が一にも伯父様にご迷惑をおかけすることのないよう、社会人としての自覚を持ち、誠心誠意仕事に打ち込む所存です。どうか今後ともご指導のほどをよろしくお願い申し上げます。

なお、もう一人の保証人である父と私が記入捺印ずみの身元保証書を同封いたします。伯父様にも、保証人の欄に署名していただき、実印をご捺印のうえ、今年になってから発行された♥印鑑登録証明書（○○市の手数料分の小為替在中）とともに、返信用封筒でご返送くださいますようお願いいたします。ご多忙のところ、お手数をおかけいたしますが、どうぞよろしくおとり計らいください。

まずは書中をもちまして御礼とお願いを申し上げます。　敬具

Point

❶お礼→迷惑をかけない誓い→今後の指導のお願いの順に。

❷身元保証書への記入を同時にお願いするときは、必要書類などを明確に記す。

❸お礼の品は、すべての手続きがすんでから送るのが妥当。

♥マナー　**相手に金銭的負担をかけない心遣いを**

保証人の印鑑登録証明書が必要な場合は、取得手数料（数百円程度）がかかります。また、返送のための郵送料（書留が望ましい）も必要です。郵便局などで換金できる定額小為替を添える、必要料金の切手を貼った返信用封筒を同封するなどの心配りを。

借りた品物を返すときのお礼

本人➡恩師

拝啓　日足がめっきり短くなり秋の深まりを感じるこのごろですが、先生にはご清栄にお過ごしのこととお喜び申し上げます。

さて、過日は貴重な資料をお貸しくださいまして、ほんとうにありがとうございました。すでに絶版になっており、各方面に手を尽くしたもの見つけることができず、思いきって、先生に厚かましいお願いをさし上げた次第です。貸与をご快諾いただき、心より感謝しております。

おかげさまで、自分でも納得のゆく論文を完成させることができました。卒業後も先生を頼ってばかりで情けないのですが、どうか不肖の弟子をお見捨てなく、今後ともご指導くださいますよう、お願い申し上げます。

本来ならば、ご自宅まで持参するところですが、お言葉に甘えまして宅配便にてお送りいたします。同封の品は、郷里の名産品です。わずかばかりですが、★ご笑味ください。

まずは書中にて心より御礼を申し上げます。

敬　具

Poi

❶たいせつな品を快く貸してくれた好意へのお礼を主体に。

❷借りたものが役立ったという記述を必ず入れること。

❸持参でなく返送するときは、略式の方法であることについて、おわびを添える。

★注意点

「ご賞味ください」は相手に対して失礼

「ご笑味ください」は食べ物を贈るときに、つまらないものですが笑って食べてくださいという意味の謙遜表現です。一方「賞味」は、食べ物をほめながら味わうこと。「ご賞味ください」と書くと「おいしいと思って食べてください」という意味になり、相手に対しては傲慢で失礼な表現になってしまいます。

急病・事故などでお世話になったお礼

本人↓助けてくれた人

前略　突然のお手紙で失礼いたします。

○月○日深夜、ＪＲ○○駅前で久保様に助けていただいた星野と申します。

その節は、たいへんお世話になりまして、ありがとうございました。運ばれた病院で聞いた話では、久保様の迅速な１１９番通報と、救急車到着までの適切な処置のおかげで、重篤な状態にならずにすんだとのことです。

深夜で人通りも少なくなっておりましたので、もし久保様が通りかかっていなければ、声をかけてくださらなければ、と思いますと空恐ろしくなります。

幸いにも、その後の経過は順調で、後遺症もなく、昨日無事に退院いたしました。

久保様への感謝の気持ちを込めまして、◆ささやかな品をお送りいたしますので、ご受納くださいますようお願い申し上げます。

ご報告かたがた、心より御礼を申し上げます。

草々

Point

❶ 面識のない人には、突然手紙を送る失礼をわび、自己紹介から書き始める。

❷ 相手の行為のすばらしさを具体的に述べる。

❸ その後の経過も簡単に説明すると相手も安心する。

◆なるほどMEMO

相手が団体なら寄付で謝意をあらわす方法も

助けてくれた人が、名前を告げずに立ち去るケースもあります。また、救助者の組織がわかっていても、個人情報保護の点などから個人名を教えてもらえないこともあります。相手が所属する組織がわかるなら、組織あてにお礼状を書いたり、寄付を行ったりすることで感謝の気持ちをあらわすのも一つの方法です。

寄付、カンパなどへのお礼

本人（呼びかけ人）⬇賛同者

拝啓　時下ますますご清祥のことと存じます。

先日、○○地震で大きな被害を受けた同期の高田栄作君への義援金協力のお願いをさし上げましたところ、短期間にもかかわらず、三十四人の有志の皆様から、総額五十二万円ものご厚意が寄せられました。皆様のご友情とご芳志を、ほんとうにありがたく思っております。

○月○日、高田君を訪ね、皆様のお気持ちを直接お届けしてきました。かねてご案内のように、◆個人名を記すと、高田君に気を遣わせてしまうため、「三年一組有志一同」名義にしております。

地震直後は車上で生活していた高田君一家ですが、現在は自宅に戻り、マンションの復旧工事も始まっているとのことです。

高田君は多くの皆様からのご厚意に驚いたようすでしたが、「あたたかいお気持ちを確かに受けとりました。たいせつに使わせていただきます」とのメッセージを受けとっています。

以上、簡単ですがご報告とお礼とさせていただきます。　敬具

Poi
❶ 何人からいくら集まり、いつどこで渡したのかという5W1Hを明確にするのが責任。
❷ 復旧の状況を具体的に伝える。
❸ 募集締め切りから1カ月以内には、協力者への報告とお礼ができるように事を進める。

◆なるほどMEMO
友人間では、匿名にする心配りを

寄付賛同者を明記して義援金を贈ると「協力した人、しない人」が明確にわかってしまいます。また、災害見舞いには返礼は必要ないとされていますが、個人名がわかれば一人一人にお礼をという気持ちにもなり、被害を受けた人に負担をかけてしまいます。「有志一同」など個々の名前は伏せる形がよいでしょう。

バザーの協力へのお礼

主催者➡協力者

拝啓　時下ますますご清栄のこととお喜び申し上げます。

日ごろは、○○病院ボランティアサークル□□の活動に対し、ご理解ご協力をいただき、まことにありがとうございます。

さて、○月○日に実施いたしました友愛バザーにつきましては、物品のご提供ならびに当日の販売にご協力いただき、心より御礼を申し上げます。

当日は、たくさんのお客様にご来場いただき、盛況のうちに終えることができました。皆様のおかげをもちまして、当初の予想を上回る13万円もの売り上げを達成することができましたことを、ご報告いたします。

収益金につきましては、♣例年通り「病院内に花を飾ろう運動」のため、生花購入費として活用させていただきます。あたたかいご理解を賜れば幸いです。

バザーは来年度も開催の予定ですので、今後ともご支援ご協力のほどをよろしくお願い申し上げます。

敬具

Point

❶ボランティア、町内会、PTA活動などの協力へのお礼に幅広く使える文例。

❷売上金(収益金)と使いみちを明らかにして報告する。

❸必要に応じて、収益金の明細を添える。

♣応用　**状況別 使いみちの表現**

▼教育環境や安全対策整備のため、子どもたちに還元して有効に使わせていただきます。(PTA)

▼町内美化運動の推進のため活用いたします。(町内会)

▼皆様の善意を○○地震の被災者支援に役立てていただくため、売り上げの一部、10万円を□□に寄付いたしました。(ボランティアなど)

PART 5

お見舞いへのお礼

超高齢化社会を迎え、お見舞いをいただいたものの「退院のめどが立たない」「介護生活がつづく」「不幸にして亡くなった」など、お礼のしかたに迷うケースがふえています。状況によって適切なタイミングと方法を考え、相手のやさしい思いやりに応えたいものです。

お見舞いへのお礼のマナー

病気・けが見舞いにお礼の品を贈るときは回復の状態に合わせて表書きを調整する

病気やけがのお見舞いをいただいたら、お礼状とともにお返しの品を贈ります。贈る時期と、のし紙の表書きは、本人の病状に応じて考える必要があります。

●1カ月以内に退院・全快

退院・全快はおめでたいことではありますが、今後、繰り返したくない(一度きりにしたい)ことなので、結びきりの水引を用います。

＊表書き：
快気(之)内祝／
全快(之)内祝
＊水引：
赤白結びきり

表書きに「快気祝」は用いない傾向に

病気の全快を祝うことを「快気祝い」といい、かつてはお礼の品の表書きにも使われていました。しかし、

①返礼品の表書きは「内祝」が一般的

②「○○祝」は他人の慶事を祝う際の表書きに用いるのが一般的

という理由で、デパートなどでは「快気(之)内祝」の表書きを推奨しています。ただ、「快気祝い」という日本語は誤りではないので、退院した人自身が「快気祝いに一席設けます」などと使うのは、一向にかまいません。

●1カ月後も入院・療養中

退院・全快を待ってお礼をしてもかまいませんが、回復のめどが立たないときは、「御礼」という形でお返しの品を贈る場合もあります。

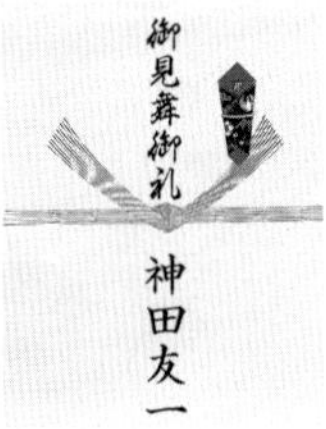

＊表書き：御見舞御礼
＊水引：赤白結びきり

●不幸にして亡くなった場合

相手からはお香典もいただくことでしょうから、香典返し（174ページ参照）に含めるか、お見舞いへのお礼として香典返しとは別の品を贈ります。

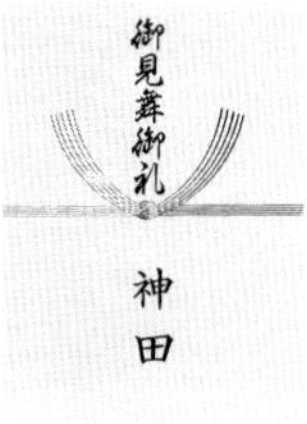

＊表書き：御見舞御礼／生前見舞志
＊水引：黒白（地域によっては黄白）結びきり

災害見舞いへの返礼品は基本的に不要。落ち着いたらお礼状を出す

災害見舞いをいただいた場合は、早くいつもの生活をとり戻すことが最上のお返しになります。基本的に返礼品は贈らず、落ち着いたら（できれば1カ月以内をめどに）近況報告を兼ねたお礼状を出すとよいでしょう。ただし、被害が少ないのに高額のお見舞いをいただいたなどの際は、返礼品を贈るケースもあります。

●災害見舞いへのお返しを贈るとき

あまり大げさにしないのが原則です。のし紙ではなく、品物の右上に短冊を貼る程度にします。

＊表書き：御礼／深謝（火事の火元の場合）
＊水引：なし

お見舞いへのお礼状の基本ひな型

⑥⑦の部分を、病状や状況に応じてアレンジ。なるべく明るい文面にととのえるのがコツ

前文

❶拝啓　❷日増しに秋が深まってまいりましたこのごろですが、
❸松原様にはますますご清栄のこととお喜び申し上げます。

主文

❹さて、❺私の入院中は、ごていねいなお見舞いをいただき、まことにありがとうございました。❻おかげさまで、○月○日に無事退院いたしまして、△日から職場にも復帰しております。

【前文】

❶ 頭語と結語

❷ 時候のあいさつ

❸ 安否のあいさつ
病気やけがが重篤な場合は、❶～❸を省いて「このたびは、ごていねいなお見舞いをいただき……」というストレートなお礼の言葉から始めてもよいでしょう。自分が病床にあるのに「さわやかな好季節を迎えました」「お元気でご活躍のことと存じます」などと書くのは不自然だからです。

【主文】

❹ 起こし言葉

❺ お見舞いを受けたお礼
病院に訪れる、金品を郵送するなど、お見舞いのしかたはさまざまですが、「お見舞いをいただき」という表現なら、相手を問わずに使えます。

❻ 病状や近況の報告
回復・復旧が順調ならそのまま報告しますが、あまり思わしくないときも、愚痴や泣き言は控えて、なるべく明るい要素を伝えましょう。

末文

❾ お礼の品について
災害見舞いの場合は、省いて⑩へとつづけます。

【末文】

❿ 用件をまとめる言葉
一般的なお礼状では、相手の健康や活躍を祈る言葉で結ぶことが多いものです。しかし、お見舞いへのお礼の場合、書き手が、健康状態や社会復帰にまだ不安のある状態のときは省きます。

❽ 今後につなげる言葉

❼ 今後についての見通しなど
病気やけがをきっかけとした心境の変化や将来への誓い、災害見舞いの場合は復旧の見通しなどを述べます。

突然の入院で、松原様にはたいへんご心配をおかけいたしました。

❼今回のことを教訓として、これからは毎日の食事をはじめとする生活習慣を見直し、いっそう体調管理につとめていきたいと存じます。

❽どうぞ今後ともよろしくおつきあいくださ い。

❾なお、ささやかではございますが、快気内祝の品をお届けいたしますので、お納めいただければ幸甚です。

❿このたびのあたたかいお心遣いに感謝し、まずは書中にて御礼を申し上げます。

敬具❶

病気・けがのお見舞いへのお礼

病院へのお見舞いを辞退したいときのお礼

本人➡勤務先の上司

前略　このたびは突然の入院で、ご心配をおかけし、申しわけありません。また、業務にも支障をきたし、ご迷惑をおかけしておりますこと、重ねておわび申し上げます。

さて、お見舞いに来てくださるとのご連絡をいただき、ありがとうございます。お心にかけてくださっていることはたいへんうれしいのですが、繁忙期にわざわざいらしていただくのは心苦しい限りです。また、実は、♣同室の患者さんは遠方から一人で入院なさっているかたが多く、面会者で病室がにぎやかになるのをあまり好ましく思っていないようなのです。そのような事情で、今回はお気持ちだけいただくということで、ご来訪はご遠慮したいと存じます。どうか、お気を悪くなさらないでください。

なお、幸い経過は順調ですので、早期に復帰できるよう、療養につとめます。課の皆様にも、どうぞよろしくお伝えください。　草々

Point

❶ 入院で迷惑をかけている場合は、おわびの言葉から始める。

❷ 単に遠慮しているだけと思われないよう、辞退の気持ちをはっきり示す。

❸ 相手が「拒否された」と思わないよう、納得できる辞退理由を書き添える。

♣応用　**お見舞いを辞退する理由の書き方**

▼幸い症状も軽く、近日中には退院できそうですので、わざわざおいでいただくことはなさらないでください。

▼家族以外の面会は控えてもらうよう、医師から言われておりますので、申しわけありませんがご了解ください。

重病患者の家族が出すお見舞いへのお礼

患者の妻➡患者の勤務先

このたびは思いがけない緊急入院で、職場の皆様には多大なご心配をおかけし、まことに申しわけありませんでした。

北川様には、さっそく駆けつけていただいたばかりか、あたたかい励ましのお言葉とお見舞いのご芳志を頂戴いたしまして、深く感謝いたしております。

おかげさまで手術は成功し、その後、脳内の出血も広がってはいないようです。まだ集中治療室にはおりますものの、家族は面会できますし、本人の会話や手足の動きにも支障はないようです。

主治医の先生によれば、多少時間はかかるものの、大きな後遺症は残らないだろうとの見通しで、本人も家族も一安心しているところです。ただ、本人は、とにかく仕事のことが気がかりのようです。♥職場へ早期に復帰したいという思いが、心の支えとなり、治療の励みにもなるのではないかと存じます。ご迷惑をおかけして心苦しいのですが、どうぞ、今後ともよろしくお願い申し上げます。

まずは、ご報告かたがた、御礼を申し上げます。

かしこ

Poi

❶入院が長期にわたる見込みのときは、症状が落ち着いた段階で報告を兼ねたあいさつを。

❷重病の場合は、表現も重苦しくなりがち。なるべく明るい要素を見つけて書くこと。

❸職場には「迷惑をかけて心苦しい」という謙虚な姿勢で。

♥マナー

職場へのお返しは

職場から、1人1000円程度を集め、「一同」名義でお見舞いをいただくことがあります。このような場合、職場に復帰する日に個包装のお菓子などをあいさつの品として持参し、お返しとするのが基本です。ていねいに行うときは、一人一人に300~500円程度のプチギフトを準備します。

災害見舞いへのお礼

地震見舞いへのお礼

本人→友人

♣やさしいお手紙とあたたかいお心遣い、確かに拝受しました。

　このたびはたいへんご心配をおかけいたしましたが、家族は全員無事ですので、まずはご安心ください。地震で自宅の一部が損壊し、しばらく避難所におりましたが、倒壊のおそれはないということで、現在は家に戻っております。以前の平穏な生活をとり戻すには、まだ時間がかかると思いますが、犠牲者も出たという現実を考えますと、家族そろって暮らせるだけでも幸せと思わなくてはなりません。

　思いもかけなかった不便で不安な暮らしの中で心安らぐのは、あなたのような温情ある思いやりにふれるときです。今回の地震で失ったものも数多くありますが、ほんとうに大事なものは家族と人の心だということがよくわかりました。得難い経験をしたと思って、なるべく前向きに暮らしていくことにいたします。

　ほんとうに、ありがとうございました。

Point

❶頭語や時候のあいさつなどの導入部は省く。
❷相手が気にかけている家族や自宅の状況を伝える。
❸相手に過度の心配を与えないよう、前向きな表現で。

♣応用　お見舞いへのお礼表現

▼育児用品をたくさん送っていただき、ありがとうございました。なかなか入手できずに困っておりましたので、ほんとうに助かりました。
▼不足物資を送ってくださるとのご連絡、ありがとうございます。当面は大丈夫ですが、必要があればお言葉に甘えてお願いすることにいたします。

火災見舞いへのお礼(火元になってしまったとき)

本人↓知人

前略　このたび、当家の不始末により失火し、たいへんなご心配をおかけしましたことをおわび申し上げます。また、さっそくごていねいなお見舞いをいただき、恐縮しております。

愛着のある自宅を失うという事態に、一時は呆然といたしまして、何も手につかないありさまでした。

ただ、ご近所に類焼の被害を及ぼすことは免れ、家族も全員無事に避難できたことを★気持ちの支えにして、なんとか立ち直らなければと、気持ちを奮い立たせております。

もう少し落ち着きましたら、家の再建も考えようと思っておりますが、当面は、左記の住所で仮住まいをしております。

あたたかいお心遣いに、あらためて御礼を申し上げるとともに、今後は二度とこのような不祥事を起こさないように留意することを誓います。

まずはとり急ぎ書中にておわびと御礼まで。

草々

(現在の住所などを書く)

Poi

❶ 自分側に責任がある場合は、お見舞いへのお礼より先に心配や迷惑をかけたおわびを。
❷ 町内会役員や近所の家には、直接おわびに伺う。
❸ 延焼、類焼による被害を受けた場合、火元を責めるようなことは書かない。

★注意点
「不幸中の幸い」は使い方に気をつけよう

大きい災害や事故だったにもかかわらず、被害が小さかったときに「不幸中の幸い」という表現を用いることがあります。しかし、これを使ってよいのは、災害や事故に巻き込まれた当事者だけです。文例のように自分に責任がある場合や、慰めようとして見舞う側が使うのは不適当です。

介護見舞いへのお礼

親を自宅で介護している場合のお礼

要介護者の子➡親の知人

先日は、療養中の父をお見舞いいただいたばかりか、ごていねいなお心遣いをいただきまして、まことにありがとうございました。

川村様のあたたかい励ましを受けて、♣父も久しぶりに喜んだ顔を見せてくれました。また、お見舞いとして頂戴いたしました果物も、夕食の際にいただき、目を細めておりました。ふだんはお客様がいらっしゃることが少ないため、表情も乏しくなりがちでしたが、川村様のお見舞いが、ほんとうにうれしかったのだと存じます。父に代わりまして、あらためて御礼を申し上げます。

なにぶん高齢ではございますが、家族としては、安定した状態が一日でも長くつづくよう、祈るのみでございます。

川村様には、まことに身勝手を申しますが、今後もお心にかけていただければ、うれしく存じます。

まずは、書中にて心よりの御礼を申し上げます。

Point

❶ 本人（父）が喜んでいたようすを具体的に伝える。

❷ お見舞いに食べ物をいただいたときは、その感想を添えて。

❸ お見舞いに現金や高価な品をいただいたときは、1カ月後までをめどに「御見舞御礼」としてお返しをする。手みやげ程度ならお返しは不要。

♣応用 **お見舞いの金品が送られてきたときの近況報告**

▼少しずつではありますが、快方に向かっております。

▼デイサービスに通い始め、家族にも精神的な余裕が生まれたような気がいたします。

※なるべく明るい要素を見つけて報告します。

PART 6

葬儀・法要に関するお礼

葬儀の際の「会葬礼状」と、
香典返しを送るときの「忌明けあいさつ状」には、
定型的な文例があります。
しかし、小規模な家族葬がふえ、
香典返しのあり方も変化している現在、
自分の言葉で説明を加え、
理解を求める「プラスアルファ」が必要になってきています。

葬儀・法要に関するお礼のマナー

会葬御礼・当日返し・香典返しの違いを把握

「会葬御礼」とは、通夜・葬儀の弔問客への、とりあえずのお礼品です。「香典返し」は忌明け（仏式なら四十九日）の後、いただいた香典への返礼品として送るもので、目的も行う時期も違うものなのです。ところが、近年は2つを合体させた「当日返し」がふえています。違いは左ページの表の通りですが、当日返しは、

▼本来の方法ではない

▼葬祭業者の営業戦略から生まれたシステム

ということは理解しておきましょう。

従来の方法の場合、香典返しを扱うのは主にデパートやギフト業者でした。葬祭業者がここに参入するため生み出された方法なのです。

無難にすませたいならサンプル文例。オリジナルの文章なら余裕を持って準備

喪家は、左ページの表のように「会葬礼状」と「忌明けあいさつ状」の2種類のお礼状を準備します。会葬礼状の場合、遺族は悲しみの中にあり、時間的な余裕もないことから、葬祭業者が準備したサンプル文例の中から選ぶのが一般的です。忌明けあいさつ状も形式は決まっており、デパートや業者の文例を使うことが多いものです。

つまり、オーソドックスに行うなら、自分で文例を考える必要はありません。

逆に、定型的でなく、故人の人となりを伝えるオリジナルの文章でお礼を述べたいなら、前もって構想を練っておくほうがよいでしょう。

葬儀から香典返しまでのお礼の方法

●本来の方法　通夜・葬儀の当日は返礼品のみ、忌明けに香典返し品を送る

	お礼の品物	概要	書状	お礼する相手	品物の金額の目安
当日	会葬御礼	通夜や葬儀に参列した弔問客へのお礼品だけを手渡す	会葬礼状	全員	300～1000円程度の品を手渡し
忌明け	香典返し	仏式葬儀の場合、四十九日法要後に送る	忌明けあいさつ状	全員	いただいた香典の額の$\frac{1}{3}$～半額を送る

メリット　クレームが起きる心配がない／香典金額に合わせて平等にお返しができる／忌明けのあいさつ状で礼を尽くせる

デメリット　会葬者全員のリスト作成や商品選びの手間がかかる／全員分の配送料金がかかる

●当日返しの方法　通夜・葬儀の当日に、香典返し品も渡してしまう

	お礼の品物	概要	書状	お礼する相手	品物の金額の目安
当日	当日返し	会葬礼状とともに香典返しの品も渡す	会葬礼状	全員	一律2000～3000円程度の品を手渡し
忌明け	香典返し	1（または2）万円以上の香典をいただいた人に、当日返しとは別に送る	忌明けあいさつ状	一部	いただいた香典の額の$\frac{1}{3}$～半額を送る

メリット　リスト作成などの手間が少なくなる／配送料も少なくてすむ／遺族の負担感が軽減される

デメリット　新しい風習のため「香典返しが来ない」というクレームが発生しがち／連名での香典への対応が煩雑になる

会葬礼状と忌明けあいさつ状の基本ひな型

一般的な会葬礼状(はがきサイズ)

通夜・葬儀の際に、返礼品とともに手渡します。返礼品の箱にはがきサイズのカードをさし入れるか、二つ折りカードに印刷して封筒に入れて渡します。

❶謹啓　❷亡父　〇〇儀　葬儀に際しましては　ご多忙の中
❸ご会葬いただき　ご丁重なるご弔慰を賜り　厚く御礼申し上げ
ます　❹ここに生前のご厚情を深謝し　略儀ながら書中をもちま
して御礼のごあいさつを申し上げます
謹❶白
❺令和〇年〇月〇日
❻東京都千代田区神田駿河台〇―〇
❼喪主　〇〇〇〇
外　親族一同
家紋❾
❽なお　本日は何かととり紛れ　行き届かぬことばかりでございました
ことおわび申し上げます

会葬礼状の基本構成

❶頭語・結語……省く場合もある。
❷喪主から見た続柄と故人の名前……戒名(宗派により法名・法号)を添える場合もある。
❸会葬と香典へのお礼……香典については、ご弔慰・ご芳志などとぼかして書く。
❹生前お世話になったお礼
❺日付……通常は葬儀・告別式の日付にする。
❻住所……喪主の自宅住所
❼差出人……必要に応じて、葬儀委員長→喪主→遺族→親族代表→外親族一同などと並列する。
❽礼を尽くせなかったおわび……省いてもよい。
❾家紋……必須ではないが、入れる場合はあらかじめ紋様を確認しておく。

一般的な忌明けあいさつ状（巻紙に薄墨印刷）

薄墨にするのは、「涙で墨が薄まる」から。巻紙は、5（または7）巻き半にして「死が割りきれない」思いをあらわします。

❶謹啓

先般 母 ○○永眠の際には ❷ご丁重なご弔詞とご芳志を賜りまして まことにありがたく厚く御礼を申し上げます 本日

❸○○院○○○○

❹七七日忌の法要を営みましたので 供養のしるしまでに

❺心ばかりの品をお届け申し上げます

どうぞお納めくださいますようお願い申し上げます

❻まずは略儀ながら書中をもちましてごあいさつ申し上げます

敬白❶

❼○月○日

❽○○ ○○

忌明けあいさつ状の基本構成

❶頭語と結語……「謹啓」「敬白（謹言／謹白）」。葬祭業者の文例では「謹啓」で始め、「敬具」で結ぶアンバランスな組み合わせが多く見られるので注意。

❷お悔やみと香典へのお礼

❸戒名（宗派により法名・法号）……記さずに「本日 七七日忌《なななぬか》の」とつなぐ場合も。

❹忌明けの報告……四十九日法要をすませたということ。文書では七七日法要（関西では満中陰法要とも）とします。

❺香典返しの品についての案内

❻用件をまとめる結びの言葉

❼日付……忌明け法要を行った日付

❽差出人……法要の施主（主催者）の名前

オリジナルで文章を作成するときは、下段の構成を参考にしましょう。

故人の人となりを伝えるオリジナルの会葬礼状

子どもの思いを語り、最後に当日返しの断りを添えるお礼

喪主（故人の子）→会葬者

本日はご多用のところ、父○○のためにご会葬賜り、ごていねいなお悔やみとご厚志を賜りまして、まことにありがとうございます。

高校を卒業後、定年まで経理畑一筋だった父は、まさしく「実直」「堅実」な人間でした。若いころの私はそれに反発したこともあります。しかし、父と同じように家庭を持ち、守るべきものができたいまは、その生き方のすばらしさとむずかしさを実感しております。七十五歳で旅立ってしまった父ですが、その教えは、私どもの中でこれからも生き続けていく、そう思うことを心の支えといたします。

末になりましたが、生前父がお世話になりました皆様へ、心より御礼を申し上げます。

なお、このたび拝受しましたご芳志に対し、心ばかりの品ではございますが、◆ご返礼品をもって香典返しに代えさせていただきます。なにとぞご受納くださいますようお願い申し上げます。

Point

❶オリジナルの会葬礼状は、故人への感謝の気持ちを主体に。

❷故人の略歴は司会者から紹介されるが、重複してもよい。

❸「自己満足」の文章にならないよう、会葬者へも配慮する。

◆なるほどMEMO

当日返しにするときは礼状の中に断りを入れて

当日返しをめぐるトラブルの多くは「会葬時にいただいた品は会葬の御礼、香典返しは別のはず。しかし四十九日を過ぎても音沙汰がない」と会葬者が不審に思うことから発生します。礼状の中で「きょうお渡ししたのが香典返しです」という旨を明記すれば誤解を生みにくくなります。

故人の生前のようすを伝えるお礼

喪主（故人の子）⬇会葬者

◆母　○○○○は、令和○年○月○日、八十五歳の生涯を静かに閉じました。

小さい体を揺らして全身で笑う、いつも明るい母でした。父と二人で小さな店を営んでおりましたので、苦労も多かったと思うのですが、つらいそぶりを見せたことは一度もありません。私どもからすれば「肝っ玉母さん」そのままの、頼りになる母でした。

引退してからは、五人の孫の成長をなによりの楽しみにしておりました。孫たちが小学校に入学するときには、「ばぁば」からランドセルを贈るのだと張りきっていたものです。晩年は、病を得て入院することも多くなり、今春、いちばん下の孫に病床からランドセルを手渡したのが、最後の贈り物になってしまいました。しかし、母の表情からは役目を無事に終えた充足感が見てとれました。

皆様には、母が生前ひとかたならぬお世話になり、あらためて心より感謝いたしております。

本日のご会葬とご弔慰、まことにありがとうございました。

Poi

❶会葬者に、故人のようすがいきいきと伝わるように表現を工夫する。

❷「家族に囲まれた人生」は、幸せな老後のひとつの象徴。

❸エピソードを中心に構成する場合は、会葬者へのお礼を結びの部分にまとめてもよい。

なるほどMEMO

エッセイのように見出しをつけても

冒頭に大きめの文字でタイトルをつける手法もあります。「母さん、ありがとう」「○○をまっとうした人生でした」「父に代わって皆様に御礼申し上げます」など、礼状の内容をあらわす言葉や、故人が吟じた俳句、故人の座右の銘などをタイトルにすれば、より印象的な礼状になります。

ケース別オリジナルの忌明けあいさつ状

やわらかな文面でまとめる忌明けあいさつ状

法要の施主↓香典をいただいた人

皆様には、ますますご清祥のこととお喜び申し上げます。
○月○日に永眠した亡母○○○○の葬儀・告別式の際には、ご会葬を賜り、かつご丁重なご厚志をいただきましたこと、心より御礼を申し上げます。その節は、行き届かぬところも多く、失礼のほどをご容赦ください。
おかげさまで、本日、四十九日の法要を営み、亡父の眠る○○墓地へ納骨いたしました。つきましては、供養のしるしといたしまして心ばかりの品をお送りいたします。◆生前の母がいつも飲んでいた日本茶です。ご受納くださいますようお願い申し上げます。

母が他界したことは残念ですが、皆様とのご厚誼を得て、幸せな人生だったのではないかと思いをはせております。

ここに生前のご厚情にあらためて感謝申し上げ、今後も変わらぬおつきあいを賜りますよう、心よりお願い申し上げます。

Point

❶ 儀礼的なサンプル文例を、平易な表現に変えるだけでもオリジナリティが生まれる。

❷ 会葬と香典へのお礼、生前お世話になったお礼、今後につなげる言葉の3つは必須。

❸ パソコンのプリンタの多くには薄墨印刷の機能があるので自分で印刷することも可能。

◆なるほどMEMO **故人が好んでいたものを香典返し品に**

香典返しの品は「不幸をあとまで残さない」という意味で、のりや茶、菓子などの「消え物」がよく使われます。故人の好物を香典返しに用い、そのことにふれれば、親しみのこもる文面になります。

家族葬で見送ったときの忌明けあいさつ状

法要の施主⬇香典をいただいた人

皆様にはおかれましてはご清祥にお過ごしのことと存じます。

先般、父○○の永眠に際しましては、ごていねいなお悔やみをいただき、ご厚情のほどまことにありがたく存じております。

亡父の遺志によりまして、近親者のみにて葬儀を執り行いましたため、生前お世話になった皆様へのご連絡が行き届かず、たいへん失礼をいたしました。♣皆様にご負担をかけたくないと、父が強く願っておりましたため、どうかご理解賜りますようお願い申し上げます。

時がたつのは早いもので、本日、四十九日の節目を迎え、家族でささやかな法要を営みました。供養のしるしとして、心ばかりの品をお届けいたしますので、お納めくださいますようお願い申し上げます。

本来ならば、おわびのために参上してごあいさつ申し上げるべきところ、まことに略儀ではございますが、書中にて御礼を申し上げます。

Poi

❶広い範囲に知らせずに行う家族葬が急増しているが、「なぜ知らせてくれなかった」などと言われるトラブルも多い。

❷故人の遺志で家族葬にしたことをていねいに説明する。

❸おわびのニュアンスを前面に出す文章にすると好印象。

♣応用 家族葬にした理由に言及する表現

▲ご友人もご高齢のかたが多いため、ご迷惑をおかけするのも心苦しく、身内だけで見送ることにいたしました。

▲自分のお葬式は簡素にしてほしいと母が申しており……

▲お別れしたかったのにというご連絡をいただき、○○様には申しわけないことをしたと思っております。

香典の一部を寄付するときの忌明けあいさつ状

法要の施主↓香典をいただいた人

謹啓　このたび、亡妻○○永眠に際しましては、お心のこもったご弔詞ならびにご厚志を賜り、心より御礼を申し上げます。

おかげをもちまして、本日

○○院○○○○

七七日忌法要を営むことができました。生前、故人に賜りましたご厚誼にあらためて深く感謝する次第でございます。

つきましては、まことに勝手ではございますが、故人の遺志によりまして、ご芳志の一部を♥社会福祉法人○○に寄付させていただくことで、返礼に代えさせていただくことといたします。○○は妻が生前から毎年寄付を行っていた団体でございます。

皆様には、ここに至りましてのお知らせになりましたこと、あしからずご海容くださいますようお願い申し上げます。

本来であれば、お目にかかりましてごあいさつを申し上げるべきところ、まことに略儀ながら書中にて御礼を申し上げます。

謹言

Point

❶ あいさつ状だけを送る場合もあるが、1000円程度のプリペイドカードなどを同封することもある。

❷ 公益法人などへの寄付は、寄付金控除の対象。香典返しは葬式費用にならず控除対象外。

❸ 勝手に寄付したと不快に思われないよう、ていねいに説明。

♥マナー **寄付先の受領証や礼状を同封するとよい**

寄付先の団体によっては「○○○○様ご遺族様より尊い寄付を賜り感謝いたします。○○のために活用させていただく所存です」という旨の礼状が用意されています。このように、寄付先からのメッセージを添えると、受けとった側も納得しやすいものです。

香典返しを行わないときの忌明けあいさつ状

法要の施主↓香典をいただいた人

早いもので、◆夫○○が突然他界してから三カ月がたとうとしております。葬儀の際には、ごていねいなお悔やみと、ご厚情を賜り、あらためて心より御礼を申し上げます。

あまりに急な旅立ちで、看病らしい看病もできず、いまわの別れのひと言もないままでした。せめて少しでも長くそばにいたいと思い願っておりましたが、遺された子どもたちのためにも、気持ちの区切りをつけなければならないと考えまして、先日ようやく納骨をすませました。

本来ならば、供養の品をお届けすべきところですが、子どもたちの行く末を考えますと、何かと不安は尽きません。まことに勝手ではございますが、皆様からのご芳志につきましては、将来の養育にあてさせていただきたいと存じます。なにとぞご理解とご容赦のほどよろしくお願い申し上げます。

生前賜りましたご厚誼に深く感謝申し上げ、遅ればせながらのご報告をもって、御礼に代えさせていただきます。

かしこ

Poi

❶ 一家の働き手を失った場合には香典返しをしないことも許容されやすい。

❷ 四十九日直後に送るのが慣例なので、遅れた場合は時期についてのおわびも添える。

❸ 無宗教などで四十九日法要を行わなかった場合は、納骨の報告をする。

◆なるほどMEMO **忌明けの時期は、地域の慣習も加味する**

一般には、七七日忌を忌明けとすることが多いのですが、地域によっては、三七日《みなぬか》(21日目)や五七日《いつなぬか》(35日目)を忌明けとして香典返しを行います。配偶者や仕事関係者の郷里と慣習が違うというのもよくあるケースなので、必要に応じて説明を加えましょう。

Column

仏教以外の場合の忌明けあいさつ状

永眠・七七日法要・供養の3語をアレンジ

宗教によっては「永眠」の概念はなく、「法要」と「供養」は仏教用語です。あいさつ状の基本構成は同じですが、アミかけ部分のように、宗教に添う表現に調整しましょう。なお、仏教でも一部の宗派では「永眠」ではなく「命終《みょうじゅう》」とします。

●神式では五十日祭を忌明けとする

先般父○○帰幽《きゆう》の際には、ご懇篤なるご弔詞ならびにご芳志を賜りまして、厚く御礼を申し上げます。本日、五十日祭を営みましたので、謝意のしるしとして心ばかりの品をお届け申し上げます。（以下略）

●キリスト教式では1カ月後の追悼会【ミサ】後

このたび母○○【テレジア】召天【帰天】の際には、ごていねいな慰めのお言葉とご芳志を賜り、厚く御礼を申し上げます。

本日、追悼会（記念会）【追悼ミサ】を滞りなく行いましたので、謝意をあらわしたく、記念の品をお届け申し上げます。（以下略）

★基本の文章はプロテスタント、【　】内は、カトリックで用いる表現です。

●無宗教の場合は宗教的節目を「諸事」に

このたび夫○○の永眠に際しましては、ご丁重なお悔やみとご厚志を賜りまして、まことにありがとうございました。おかげをもちまして、諸事滞りなくすませることができました。つきましてはご厚情への御礼のしるしとして、心ばかりの品をお届けいたします。（以下略）

きれいな文字でお礼状を書くための **練習帳**

受けとって「きちんとした字を書く人だな」と思う手紙には、３つの共通点があります。「手紙が苦手」という人の多くは「字に自信がない」と言いますが、「字がうまい」ことは絶対条件ではありません。練習して３つのコツを身につければ、文字は格段にきれいに見え、美しい手紙にととのえることができるのです。

「美手紙」に見せる 3つのコツ

1 文字はまっすぐな「背骨」を通して書く

文字の中心軸である「背骨」を垂直にまっすぐ通せば、文字はきちんと見えます。特に漢字は、たての線が多いので気をつけましょう。

2 文字と文字の間は詰め、行間は広めに書く

文字が重ならない程度に字間を狭くすると、１行がひとかたまりになります。さらに行間を広めにすると、文字列の並びが美しく見えます。

3 漢字は大きめ、かなは小さめに書く

画数の少ないひらがな・カタカナを、漢字と同じ大きさに書くと、かな部分が肥大して見えるため、小さめにしてバランスをとることが大事です。

1 漢字の「背骨」を通して書く練習をしましょう

真ん中のたて線は背骨に合わせる

たて線が左右にずれないように真ん中にそろえます。

書中

書中

多幸

東京

NG

たて線が左右にずれると、文字が揺れたように見えます。

東京

漢字のたて線は、背骨と平行にまっすぐ下ろす

特に「川」「則」など右端のたて線が曲がらないようにまっすぐに下ろします。

川井

正則

皆様

NG

たて線が平行でないと、文字がねじれたように見えます。

川井

真ん中の「口」「日」「目」は背骨で串刺しにする

背骨に対して、左右の分量が同じになるように書きます。

見舞

敬具

貴重

NG

「日」や「目」が中心にないと、安定感のない文字になります。

見舞

左右に「はらう」部分は背骨を始点にする

始点（★）が左右にずれないように書きます。

陽春

天候

笑納

NG

始点が左右どちらかにずれると、文字が傾いて見えます。

陽春

POINT

文字をまっすぐ書くために「背骨入りの便箋」を1枚作っておくと便利です。罫線と罫線の中間に赤色などで「背骨」の線を引いたものを下敷きにして書けば、いつも背骨を意識できます。

2 字間を狭く、行間を広く書く練習をしましょう

1行の文字列が1本の帯のようにつづき、次の行は別の帯に見えるのが理想です。「悪い例」のように、字間が広く行間が狭いと「帯」が感じられないため、文章がパラついて読みにくくなってしまいます。

悪い例

時節柄、どうぞくれぐれもご自愛ください。
まずは略儀ながら書中にて御礼を申し上げます。

よい例

時節柄、どうぞくれぐれもご自愛ください。
まずは略儀ながら書中にて御礼を申し上げます。

時節柄、どうぞくれぐれもご自愛ください。
まずは略儀ながら書中にて御礼を申し上げます。

3 漢字を大きめ、かなを小さめに書いてみましょう

「悪い例」のように、ひらがなが大きいと全体のバランスが悪くなります。練習文にある「の」のほか、「あ」「お」「ぬ」「ひ」「め」「ろ」「わ」などは、線を丸めるところで文字が大きくなりやすいので注意します。

悪い例
ご清祥のことと

よい例
ご清祥のことと

暑さも本番を迎えましたが、
ご家族様にはご清祥のことと存じます。

4 お中元（お歳暮）へのお礼のはがきを実際に書いてみましょう

64ページの基本ひな型と同文です。ひな型は、お歳暮と兼用の文例となっているため、文字の配置は異なっています。お歳暮のお礼の場合は、次の3点を調整します。

1行目　盛夏→師走
4行目　お中元→お歳暮
8行目　暑さ→寒さ

〈お中元へのお礼はがきの例〉

★1 上下左右は均等に余白をとると美しく見える。

拝啓　盛夏の候となりましたが、お変わりなくお過ごしのことと存じます。日ごろはなにかとお世話になり、★2
あらためて御礼を申し上げます。
さて、このたびはごていねいなお中元の品をご恵贈いただき、まことにありがとうございました。いつも私どもが★3
お世話になっておりますのに、過分なお心遣いをいただき、恐縮しております。
ますます暑さに向かいます折から、
皆様の★4ご健勝をお祈り申し上げます。
まずはとり急ぎ書中にて御礼申し上げます。

敬具

★2 文節の区切りのよいところで改行するほうが読みやすい。

★3 自分をさす言葉が行頭にならないようにする。

★4 相手側をさす言葉が行末にならないようにする。

杉本祐子（すぎもと ゆうこ）

「くらし言葉の会」主宰。NHK文化センター札幌教室「わかりやすいと言われる文章の書き方」講座講師。1957年生まれ。津田塾大学卒業後、出版社勤務をへて、手紙や文章の書き方、冠婚葬祭のしきたりやマナーなどの編集や原稿執筆を行っている。主な著書に『心のこもった葬儀・法要のあいさつと手紙　マナー&文例集』『ジーンと心に響く！　主賓・来賓・上司のスピーチ』『女性のための相続の手続きがきちんとわかるハンドブック』などがある（以上、主婦の友社刊）。

装丁　大薮胤美（フレーズ）
本文フォーマット　矢代明美
表紙イラスト　さいとうきよみ
本文イラスト　フジサワ　ミカ
本文DTP　伊大知桂子（主婦の友社）
編集担当　三橋祐子（主婦の友社）

心《こころ》が伝《つた》わる お礼《れい》の手紙《てがみ》・はがき マナー&文例集《ぶんれいしゅう》

令和2年 8 月31日　第1刷発行
令和6年 1 月10日　第4刷発行

著　者　杉本祐子《すぎもとゆうこ》
発行者　平野健一
発行所　株式会社主婦の友社
〒141-0021　東京都品川区上大崎 3-1-1 目黒セントラルスクエア
電話03-5280-7537（内容・不良品等のお問い合わせ）
049-259-1236（販売）
印刷所　大日本印刷株式会社

ISBN978-4-07-444702-2

※本書は、『心が伝わるお礼の手紙・はがき きちんとマナーハンドブック』（2017年刊）を改訂したものです。